U0695863

图解世界地理

GU BAO QIAN NIAN JUE MI 赵喜臣◎编著

古堡千年绝秘

吉林出版集团股份有限公司|全国百佳图书出版单位

前言
PREFACE

世界地理是我们全面认识地球的一个重要窗口。地球是我们人类赖以生存的摇篮，为我们创造了许许多多的绝妙景色，简直美不胜收，那么我们从哪里着眼看起呢？怎样才能看得更加全面和认识得更加深刻呢？

河流是地球陆地表面上经常或间歇有水流动的线形天然水道，是地球的血脉。河流较大的称江、河、川、水，较小的称溪、涧、沟、曲等。每条河流都有河源和河口，而河源是河流的发源地，有的是泉水，有的是湖泊、沼泽或是冰川，各条河的河源情况虽然不一样，但都是河流的生命之源；河口是河流的终点，或流入海洋、干河、湖泊或沼泽等地方。

河流无论起源哪里，还是流到哪里，都是展开的浓墨重彩的画卷，或者滚滚波涛冲起汹涌奔腾的壮丽大河，或者碧波青青汇成千里如镜的秀美湖泊，或者湍湍激流荡起倾泻而下的飞流瀑布，都给我们如诗如画的美感。

无论是巍峨挺拔、连绵起伏的山脉，还是高耸入云、白雪皑皑的山峰，或者是深山幽谷、深涧大峡的山谷，都充满了阳刚之美，都能给我们气势磅礴的震撼。

在地球的表面，高低起伏悬殊，形态变化多端，表现出自然的大美之景：澄澈干净、千年结淀的冰川；烈焰喷射、熔岩滚流

的火山；茫茫戈壁、广袤无垠的沙漠；碧野千里、芳草连天的草原；古木参天、层林尽染的森林，等等。

总之，地球是我们人类赖以生存的摇篮，我们每天享受着地球所带给的一切，然而又有谁能够清楚地知道地球究竟是什么样子呢？整个地球可谓是千姿百态，绝妙之美，使我们对地球感到既熟悉又陌生，我们须漫游地球，重新认识地球。

地球可谓是个大花园，除了自然地理之美外，还有人文地理之美，这就更是具有深沉意义之美了。我们人类生活在地球之上，除了享受地球带给我们的美，我们也创造了许许多多的美，包括建筑、名胜、古迹等具有人文内涵的美，使得自然地理和人类社会更加丰富多彩了。

世界地理从自然到人文，所蕴藏的奥妙与绝美，那简直是无穷无尽。从地表到地核，从沙漠到海洋，从高山到河流，真是无奇不有，美丽无限。

为了普及科学知识，激励广大读者认识和探索地球无穷魅力，根据中外最新研究成果，特别编辑了本套丛书，主要包括世界自然河流、湖泊、瀑布、冰川、火山、沙漠、草原、森林、物种等，还包括人文的桥梁、建筑、名胜、古迹、古堡、古城、古墓等方面的内容，具有很强系统性、科学性、可读性和新奇性。

目 录
CONTENTS

普特奥利古城

城下之城的发掘工作

在意大利南部海滨城市波佐利，考古学家从地下挖掘出罗马时期的古城——有"小罗马"之称的普特奥利，其考古价值可与庞贝古城相媲美。经过考古学家10多年的连续挖掘，普特奥利古城终于重见天日：古罗马时期的建筑，四通八达的古道，鳞次栉比的小客栈、餐馆、私人祭坛、面粉作坊、拱形的仓库，还有石头做的装饰品和精美雕塑，无不见证着古城当年的繁华与喧闹。

　　但是严格来说，迄今被挖掘出的只是普特奥利古城的一部分。这是一片建在现代城市波佐利地下的、那不勒斯海角凝灰岩上的古罗马时期道路网。由于普特奥利古城之上已有新的建筑，其挖掘工作并非易事。考古学家必须要用钢筋柱先支撑起古城之上的建筑，才能慢慢继续挖掘。目前已被挖掘出的古罗马时期道路网只有面积大约400至500平方米的一小部分在周末对公众开放，但这也足以展现出古城普特奥利古城当年的繁荣景象。

普特奥利古城的迅速发展

　　据考古学家介绍，普特奥利最初的起源目前尚无从考证。但根据史料记载，早在公元前7世纪这里就有古欧洲游牧部落库迈入生活过的痕迹。公元前194年，库迈入将这里命名为普特奥利。从此，普特奥利逐渐成为古罗马及地中海地区最重要的商业港口之一，同时也成为古罗马军队向东方扩张的海上基地。尤其在罗

马帝国第一个皇帝奥古斯都的统治下，普特奥利的繁华达到了巅峰，可谓其"黄金时期"。

往来频繁的商人、慕名而来的游人和传教士使这里的餐馆、旅馆和神庙得到迅速发展。普特奥利从一个不知名的小城发展为商贾云集的大都会，古埃及人、古希腊人、古希伯来人和腓尼基人纷纷前来经商，也带来了玻璃、陶瓷、香料、纺织品、染料和铁器的制造工艺。另外，迷人的自然风光和天然温泉也吸引了众多古罗马达官贵人纷纷到此地度假，餐馆、酒馆和公共温泉浴室常常人满为患。

普特奥利古城的衰败

公元42年至54年，位于台伯河口的奥斯蒂亚城打破了普特奥利的垄断地位，成为新的重要贸易港口，普特奥利开始衰败。5世

纪，随着罗马帝国的灭亡，普特奥利遭到了不同民族的入侵。不断的战争和自然灾害使得当地居民的生活苦不堪言，纷纷逃离家乡，普特奥利从此风光不再。

在随后的1000多年，普特奥利几易其主，城市名字也有所变化，直至700年前才被最终命名为"波佐利"并一直沿用至今。1538年，诺沃火山的喷发吞没了附近特里佩格勒的村庄，也吓跑了当地的所有居民。

后来，西班牙统治者便在普特奥利古城之上，按照他们的风格建造了新的城市。自此，普特奥利古城被新城所覆盖，彻底埋入地下，直至今天陆续被重新挖掘出来。

普特奥利古城被发掘

考古学家们还在继续对普特奥利古城的其他部分进行挖掘，考古学家说，这一发掘对于研究古罗马时期的历史、古城的地

位、建筑风格以及人们生活状况有着非常重要的意义。

其中最具特点的考古成果是，古城民居"上住底商"的结构与现代城市的建筑结构很相似，其考古价值可与18世纪被挖掘出来的庞贝古城和赫库兰尼姆古城相媲美。

这里的一个"面食店"也许称得上是世界上最早的"快餐店"了：房子的最里面是一张揉面用的大台子，旁边是一口水井，临街的店门口则摆有3个炉子，匆匆而过的路人可以很方便地从这里买到热的食品，类似于这样的小餐馆在这里还有不少。 在两条最主要大街的十字路口一侧，坐落着一间公共温泉浴室，从磨损得非常厉害的台阶上可以想象出当年宾客盈门的热闹场景。在浴室的后面，有一个半地下的拱形粮仓，分为4个部分，在粮仓的一端有个通往地面的滑道，人们从地面上将装满粮食的口袋通过这个

滑道卸到仓库之内。

普特奥利古城不全在地下，在地面上也有一处引人入胜的考古发现，这就是壮观的奥古斯都神庙。该神庙是一个白色大理石建筑，拥有美丽的科林斯式圆柱和围墙。

考古学家介绍说，这一神庙长期以来被西班牙人建造的巴洛克式教堂所掩盖，直至1964年的一场火灾才使它获得重生，并由此拉开了挖掘这一地下古城的序幕。

拓展阅读

奥古斯都神庙是2世纪时贝加莫的国王为了祭祀希腊神旨而建造的。在罗马时代，它是献给奥古斯都大帝和罗马帝国的贡品，到了拜占庭时代，则被当做教堂使用。现在整个神殿已成为废墟，仅剩下崩塌的墙壁堆积而成的石堆及希腊式的浮雕。

非洲的神秘"鬼城

"鬼城"的第一次挖掘

"鬼城"的发现是偶然的。1975年，刚刚毕业于考古学专业的罗德力克·麦金托斯，在非洲西部的马里共和国的金纳城听说在离金纳城3000米左右的地方，有一座荒无人烟的"鬼城"。

当地人说这座"鬼城"是古代金纳人的居住地，后来不知是什么原因，城里的人都神秘地失踪了。信奉鬼怪的金纳人认为，

是魔鬼带走了他们。所以附近的居民从来不议论这座城池，更不敢轻易地踏进这块土地。

1977年1月30日，在马里共和国的支持下，罗德力克·麦金托斯和一些考古学家进驻"鬼城"，开始了对"鬼城"的考察。从已发现的房屋、地基、围墙的遗址中可以看出，当年有数千人曾在这里居住。但是从挖掘出的各种器具上看不出这里住的是什么人，在这里住了多少年。

随着挖掘工作的一天天深入，呈现在人们面前的东西越来越多：谷壳、动物的骨头、不完整的陶器陶俑等。所有证据都表明这座古城在那个时代，具有相当大的规模，相当高的文明程度，放弃这样一座古城确实有些遗憾。考古学家通过对这些文物的测

定，确认这座古城建造于400年，1300年左右被城里的人放弃。

"鬼城"的众多谜团

学术界始终认为，9世纪北非阿拉伯人进入撒哈拉沙漠并开始进行贸易后，都市化的概念才传到西非。按这一时间推算，所有西非地区的古城最早不能超过13世纪。

然而，这座古城的出土不仅震惊了学术界，更把西非文明诞生的时间大大地向前推进了。至于这座古城到底是何人兴建？城

内的人都从事什么行业？他们靠什么使这里初具规模？这些都是令考古学家迷惑不解的问题。

为了尽快找到答案，1981年，罗德力克·麦金托斯再一次带领考古专家对古城进行了第二次挖掘。由于这次的挖掘工作比较细致，洞穴挖得比较深，所以开工不久就大有收获。

考古专家们先是发现了一个与现代金纳人家庭结构比较相似的古金纳人家庭的旧址，随后又发现了一些铁制品和石制的手

镯，以及金制的耳环、鱼钩、铁叉、铁刀和陶器。这时，考古学家对古城又作出新的判断，他们认为古城连同周围的小城人口最多时达到20000人，他们中有从事铁器、陶器、金器制造业的，有从事贸易的。

"鬼城"的居住者

但是，令考古学家感到困惑的是：这些贸易活动是由什么人来组织的？这个问题至关重要，因为如果知道是什么人，那么就能推断出是谁先到的北非，教古金纳人盖城堡，然后又神秘地使古金纳人消失的。考古界先后否定了罗马人、埃及人和拜占庭人，这就等于否定了地球上的人类。

于是有人提出，也许真有天外来客在这里居住，附近的人叫这里"鬼城"，可能与这些人出现的方式有关。人们猜测这些天外来客教古金纳人建筑城堡，进行贸易，然后悄悄地离去。之

后，由于没有他们的指导，古金纳人很快衰落并逐渐解体。这只是个大胆的猜测，事实究竟怎样，还有待于考古学家进一步研究探索。

拓展阅读

澳大利亚的"鬼城"约瑟港坐落在澳大利亚塔斯马尼亚洲的塔斯曼半岛上，是澳洲目前保存最完好的监狱古迹，有"澳洲的古拉格"之称。这里曾经关押了超过12000名的英国重刑流放犯人，监狱四周高山林立，犹如天然的屏障城堡，对当年的流放犯来讲这里也是最阴森恐惧的地方，被称为"地狱之洞"。

"北方罗马" 萨尔茨堡

"北方罗马" 之称的来历

萨尔茨堡是奥地利北部城市、萨尔茨堡州首府、旅游胜地和音乐艺术中心，位于阿尔卑斯山北麓，萨尔察赫河两岸，与德国巴伐利亚州毗邻。这里最先为凯尔特民族居住地，后来为罗马人城镇，古罗马贸易中心。

739年成为主教管区，798年升格为大主教管区，1278年为枢

机主教驻地。至 1808年脱离宗教统治止，一直为天主教大主教的活动中心。1809年，根据《舍恩布龙条约》划归德国巴伐利亚，1815年维也纳会议作出决定将其归还奥地利。

萨尔茨堡集阿尔卑斯山的秀丽风光、丰富多彩的建筑艺术以及众多的名胜古迹于一体，素有"北方罗马"之称。萨尔茨堡以穿过市区的萨尔察赫河为界，把城市分为两部分，河左岸是老城区，以大主教府邸为中心，历史悠久，古色古香；右岸为新城区，建筑新颖，景象繁华。

古城堡圣和彼得大修道院

欧洲中世纪，当教皇和皇帝的权力斗争越演越烈，政局越发动荡不安时，萨尔茨堡大主教盖伯哈特·封·赫尔芬斯坦于1077年下令建造这座城堡，其后历时数百年才完工。

19世纪初，欧洲爆发了拿破仑战争，1803年萨尔茨堡不战而

降，古城堡陷落于法军手中，萨尔茨堡政教合一的统治由此宣告结束。其后，古城堡一度充作兵营和监狱。

圣彼得大修道院不仅是奥地利、德国和瑞士三国现存最古老的基督教寺院，同时也是萨尔茨堡这个人文都市的摇篮。古罗马时代，这个城市被外族掠夺和遗弃，直至700年前后，先圣卢佩特在此创建圣彼得教区，萨尔茨堡才得以重新崛起，从而有了今天的繁荣和声望。

修道院中原属罗马风格的教堂建于1130年至1143年，18世纪重修时改造为晚期巴洛克风格。修道院礼拜堂的内部堪称洛可可建筑风格的一颗明珠，圣坛上的画像是画师约翰·马丁·施密特的杰作。莫扎特就是在这里第一次上演了他的C小调弥撒曲，每年在音乐家逝世纪念日的前夜，他的安魂曲便奏响在教堂的大厅之中。

修道院的墓地被人们称为世界上最美丽的墓园。墓园里的7座

墓碑有着非常离奇的传说：相传这7座墓碑下埋葬着石匠塞马斯地安·施多普艾格的7个老婆，她们皆是被这个名噪一时的工匠胳肢得大笑而死。实际上，这里埋葬的是石匠自己和他的儿子，以及他几个儿子的老婆。

萨尔茨堡大教堂

　　萨尔茨堡大教堂曾经是阿尔卑斯山以北地区历史上最古老的一座意大利风格的神庙建筑，现在是萨尔茨堡市无可争议的中心。早在卢佩特主教时代，这里就有过一座庙宇，到了8世纪和10世纪的时候，这座庙分别被维吉尔大主教、阿诺大主教和康拉德三世大主教扩建为德语国家中最大的一座罗马风格的大教堂。

　　萨尔茨堡大教堂有2700个座位，可容纳10000多教徒参加法事活动。圣坛上的基督复活画像出自意大利画家阿赛尼奥·马斯卡

尼之手。大教堂里非同寻常的一件艺术品是制作于1321年的洗礼
池，1756年莫扎特出生时就是在这只锡制的池中受的洗礼。

拓展阅读

　　萨尔茨堡是音乐天才莫扎特的出生地，莫扎特不到36年的短暂生命中超过一半的岁月是在萨尔茨堡度过的。萨尔茨堡也是指挥家赫伯特·冯·卡拉扬的故乡。萨尔茨堡老城在1996年被联合国教科文组织列入世界文化遗产的名单。

传奇的亚特兰蒂斯古城

柏拉图笔下的亚特兰蒂斯

在人类历史上，曾经存在着许多发达的文明和城市。然而，由于几千年沧海桑田的历史变迁，这些城市如今有的已经根本找不到任何踪迹，有的则早已沉没于茫茫大海之中。它们成为了一个个历史谜团，引起了众多历史学家和考古学家的探索与研究。

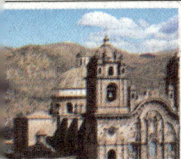

关于亚特兰蒂斯古城的一切说法，都来自于古希腊哲学家柏拉图。公元前360年，柏拉图在一本著作中活灵活现地描述了关于亚特兰蒂斯古城的详细情况。

据柏拉图的描述，亚特兰蒂斯是一个岛国，大约存在于9000年前，面积比利比亚和小亚细亚合在一起还要大。此外，亚特兰蒂斯还是一个海上强国，人口众多，文明高度发达。但是，后来该国慢慢得贪婪和腐败。它的军队曾征服过埃及和北非，后来却在雅典城下惨败于古希腊人之手。接着岛上发生空前的自然灾难，整个岛国在一天一夜之间沉没于大海之中。

探寻亚特兰蒂斯的沉没地

对于亚特兰蒂斯古城的沉没地，至今未能找到。因此，它也引起了诸多神话猜测和相关考古研究，不过这些猜测和研究大多

027

都依据柏拉图的著作。

一名自称神话学及古代研究专家的美国探险家罗伯特·萨马斯特，在其出版的《发现亚特兰蒂斯》中则认为有其事，并以柏拉图的描述作为其研究的主要依据。他说柏拉图提供了亚特兰蒂斯的"具体线索"，当中45个线索显示它位于塞浦路斯南部海

域，并称海洋影像图显示的塞浦路斯古代地貌与柏拉图描述相符合。萨氏更说自己找到很多柏拉图曾提及过的地点，包括一个长方形平原，中间就是亚特兰蒂斯城。他的理论中心是地中海盆地古时曾发生"洪水大灾难"，到地中海于现时直布罗陀海峡的地方连接大西洋。这个说法同柏拉图说有个大洪水"吞没"阿特兰

蒂斯岛，以及圣经大洪水的说法相符合。

其中，人们猜测亚特兰蒂斯存在的理由是：全世界的金字塔建筑源于亚特兰蒂斯，是亚特兰蒂斯毁灭后，亚特兰蒂斯人将此文明传播于世界的。

另一个说法，认为亚特兰蒂斯在克里特岛。因为英国考古学家埃文斯于第二次世界大战前发现了位于克里特岛上的大规模遗迹，而且再加上北方的一个圆环状小岛"席拉岛"上发现了描绘现在已成为内海的火山口，以前曾经是一个小岛的证据，因此有人怀疑席拉岛正是亚特兰提斯传说的由来。

据研究，约公元前15世纪，席拉岛上的圣多里尼火山发生了一次大爆发，爆发导致火山口上建立的文明城市被毁灭，也引发了海啸，这次火山喷发使得原本仰赖贸易的迈锡尼文明受到了重大打击，就此一蹶不振。

支持此说的人认为，柏拉图把数字弄错了，因此整个数字夸大了10倍以上，900年变成了9000年，40000平方哩变成了40万平方哩，即1哩等于1609米，所以才变成了这样的传说。

支持南极说的人以考古学家兼作家葛雷姆·汉卡克以及兰斯·弗列里亚斯为代表。此说是认为亚特兰提斯应该是在南极半岛，并以"地壳滑动说"来解释亚特兰提斯的毁灭，认为亚特兰提斯不只是受到了火山等的灾难，紧接而来的是严寒，从而导致亚特兰提斯人放弃了自己的故乡，南极半岛随后也被厚厚的冰层覆盖。

法国普罗旺斯大学地理学教授科林那·吉亚德认为，柏拉图在书中描述的"亚特兰蒂斯"位于今天的直布罗陀海峡一带。科林那研究了人类于19000年以前从欧洲向北非移民的历史，认为在亚特兰蒂斯大陆存在的时期，直布罗陀海峡有高于海平面的陆地存在，而亚特兰蒂斯大陆就在今日的安达鲁西亚与摩洛哥之间。

瑞典地理学家乌尔夫·埃林森于2004年出版的《地理学家眼中的亚特兰蒂斯：勘探仙境之国》一书中认为，爱尔兰岛即为亚特兰提斯大陆。主要论点来自于柏拉图所描述的岛国大小及地貌

与爱尔兰岛极为相似，并且两者都有巨石墓葬文化。

亚特兰提斯沉没的传说可能来自于公元前6100年，冰河期结束导致海平面上升，淹没许多沿岸和岛屿。长时间的以讹传讹将小岛的沉没夸大为毁灭性的灾难。

17世纪意大利的数学家，他们通过数学计算确定了亚特兰提斯的位置。关于亚特兰提斯的位置，学者们一直争论不休。他们隐约感到这块陆地关系到人类起源的奥秘。好多学者在调查、比较、研究，在考虑柏拉图著作的含义。几个世纪过去了，人们取得了进步，离探索的目标已经不远了。

2009年2月，有媒体报道称：网民利用谷歌地球服务，已经找到了"失落之城亚特兰蒂斯"的实际位置，即位于距非洲海岸960千米的大西洋海底中。不过，谷歌公司发言人随后出面辟谣。谷歌发言人表示，这种说法不具任何真实性，网民在谷歌地球上看到的疑似海底城市遗址网格线，只不过是海床数据采集船在数据处理过程中划过的声呐线而已。至此，关于"亚特兰蒂斯现身谷歌地球"的谣言不攻自破。但是，这也让人们对这一传奇之城产生了更多的好奇与联想。

最新的研究和发现

2011年7月10日，据美国媒体报道，一组地质学家宣称他们发现的一块土地很可能就是传说中的亚特兰蒂斯。

科学家利用一种先进的回声技术收集到大量数据，显示这块疑似亚特兰蒂斯的土地面积约10000平方千米，位于苏格兰奥克尼·设德兰群岛西边海底2000米，其地质特征令人联想到消失的

亚特兰蒂斯。据悉，研究人员从海底采集了土矿样本，从中发现了花粉和煤炭，证明有人曾在这里居住过。在海底沉积物的上面和下面，他们都发现了微小的化石物质，这进一步表明这块土地曾上升到海平面然后又沉下海底。

至于这块土地到底是不是亚特兰蒂斯"真身"，目前还无法完全确定。事实上，在历史长河消失的古城还有许多。

拓展阅读

柏拉图，古希腊伟大的哲学家，也是全部西方哲学乃至整个西方文化最伟大的哲学家和思想家之一，他和老师苏格拉底、学生亚里士多德并称为古希腊三大哲学家。另有其他概念包括：柏拉图主义、柏拉图式爱情、经济学图表等。

被大火烧毁的波斯古城

雄伟的波斯波利斯

当我们还在感叹楚霸王项羽火烧阿房宫时，在不同的国度也曾上演过类似的悲剧，波斯王国的波斯波利斯也遭此厄运。

由苏撒向东南走几百千米，就来到了古波斯文明的发源地——伊朗的法尔斯省。在法尔斯省色拉子市西北，有一座神秘

的山峰，当地人称之为"库赫·拉赫马特"，意为"善心山"。山下是一片宽阔的平原，这里现在是牧羊人的世界和商旅必经之地。在平原的尽头，有一座雄伟的城市遗址，它就是波斯波利斯。

波斯波利斯今天被伊朗人称为"贾姆希德的宝座"。贾姆希德是伊朗史诗中的神话人物，他统治伊朗有700年之久，对伊朗文明有许多贡献，最后因为傲慢自大，触怒了天神，败在阿拉伯人手中。实际上，这座城市与他并没有什么关系。

古代波斯帝国的鼎盛时期是在大流士统治时期。大流士在公元前520年开始修建波斯波利斯宫殿，整个工程历经3代国王，持续70年之久才竣工。

这座宫殿选在一个僻静处，离其他任何闹市都有一定的距离。首都苏撒是一个嘈杂、喧闹的城市，这座宫殿的建造使大流

土能在某些时候避开喧闹到波斯波利斯去休养一番。

在很长一段时间内，波斯波利斯一直是波斯皇帝的"乡村宫殿"。城市遗址在善心山的脚下，那里有一个巨大的人工平台，高约13米，面积约15万平方米，波斯波利斯宫廷就建筑在这个巨大的台基上。整个宫廷的面积约13.5万平方米。

宫廷三面有箭楼和城墙防御，墙高约4.5米至15米，东面则是高不可攀的悬崖。宫廷的正门是一个巨大的石台阶，用人工开采的白色石灰岩做成，共有111级。

人们从外面进入波斯波利斯城，就必须经过这个大台阶。在台阶的两旁有持枪的近卫军。禁止闲杂人随意闯入王宫。

走过大台阶，就到了薛西斯修建的柱廊。柱廊入口处有4个巨大的人首牛身雕像，守卫着进入王宫的正门。在平台的西南角还

有一个便门，供日常生活用品的进出之用。

　　根据宫廷建筑文书的记载，王宫建筑时，首先是开山取石，修建引水工程。为此从善心山上引来了溪水，并在王宫的东面挖了一口深井，以保障全城的生活用水和灌溉用水。所有建筑物使用的石料，都是附近善心山上的灰色石灰岩，只有少数装饰建筑物表面的浮雕，其石料来自遥远的埃及。

波斯波利斯王宫遗迹

　　整个波斯波利斯王宫，是一组设计严谨的巨大建筑群。它主要是由两种不同风格的建筑物组成：一种称为塔恰拉，这是国王的寝宫；一种称为阿帕丹，这是国王的接见大厅，可容纳10000人。阿帕丹始建于公元前492年。

在大殿的柱基下曾发现一个石匣，内藏金版、泥版奠基铭两块，重约9600克。

铭文用3种楔形文字写成，载明它是大流士下令所建。但是，大殿最后竣工是在薛西斯时期，他给大殿装饰了琉璃砖浮雕，修建了雄伟的"万国门"。

阿帕丹本身建在一个高2.5米的人工平台之上。大殿建筑面积约36000平方米，是一个正方形建筑物，墙体用砖坯建成，地面用浅绿色泥土筑成。

宫殿的大门、小门都是木质的，上面蒙着金片。考古学家在大殿废墟的灰烬中，曾经发现残存的金片，就是从门上掉下来的。

大殿和柱廊的顶部由72根细长的石柱撑起，每根石柱高约20

米，这些石柱现在仅剩下13根。

阿帕丹四周有堡楼。旁边是国王的寝宫，寝宫的柱子是木质的，高约7米至11米。阿帕丹的地面比平台高出4米，东面和北面有台阶通向大殿，右面台阶两旁的浮雕，刻着国王近臣的雕像。这些近臣有波斯人、米底人，他们都戴着项圈、手镯、手持鲜花。

浮雕涂有红色、蓝色、金黄色和天蓝色颜料。颜料的残迹至今清晰可辨。左边台阶上有33个民族代表人物的雕像，他们都带有礼物或贡赋来朝见国王。

一般认为，这可能是新年期间各族上层分子前来波斯波利斯朝见大流士的朝觐图。

这些雕像展示了各民族不同的风采，可以说是波斯波利斯帝国的民族雕像博物馆。

　　波斯波利斯第二大殿是金銮殿，殿顶由100根高达19.96米的石柱撑起，号称"百柱大殿"。大殿始建于大流士时期，至其孙薛西斯时期最后完工。

　　金銮殿面积4900平方米，是国王接见客人和举行宴会的地方。大殿东门有大流士端坐在宝殿之上接见大臣的雕像，身后是王太子薛西斯等人的雕像。大流士右手持黄金权杖，左手持莲花。

　　宝座是黄金做成的高背椅，银腿、狮子腿。类似的浮雕在国库中也有，不过，现代学者认为这个浮雕最初可能是在阿帕丹中央台阶的浮雕群中，后来不知是哪一位国王下令把它移到了金銮殿。金銮殿北门有国王与怪兽搏斗图。

　　怪兽为狮首、狮身，前腿为狮腿，背有翼，后腿为鸟腿，尾为蝎尾。这幅雕像象征着正义的王权与反对王权的恶魔的斗争。

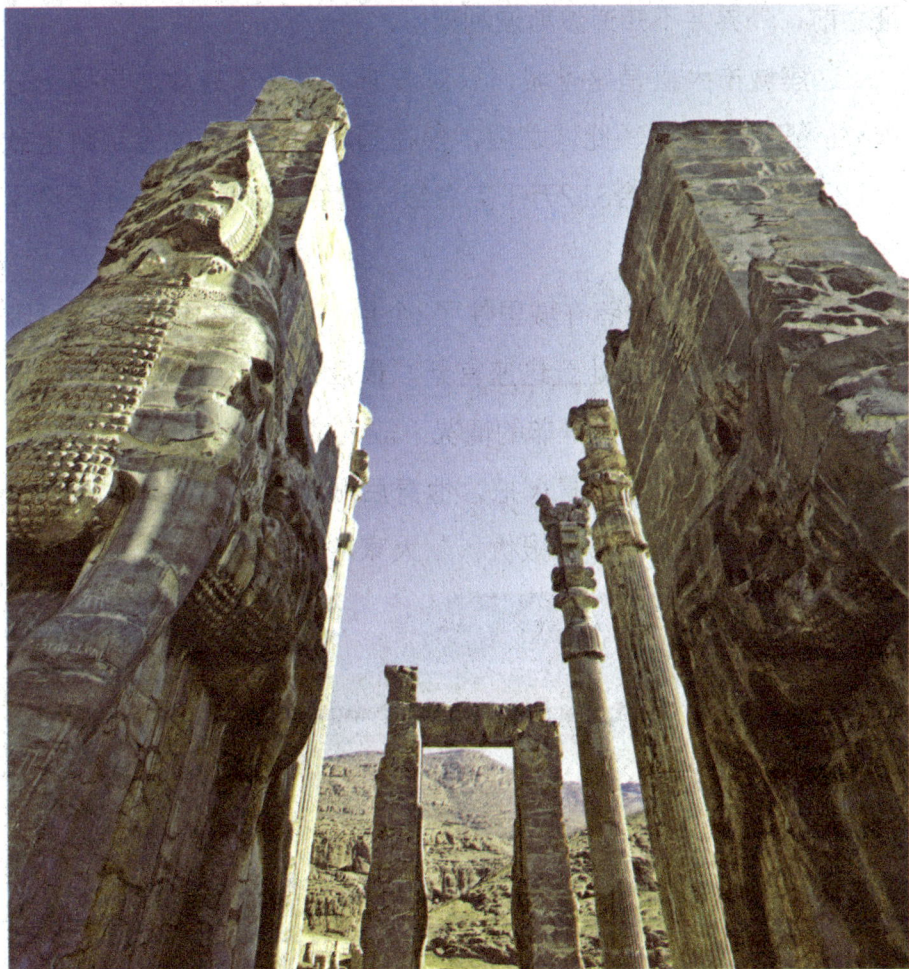

被火烧毁的波斯波利斯

　　根据古典作家的记载，王宫前面还有官吏和普通居民的住宅，可惜今天已经荡然无存，只剩下一片孤零零的荒原了。波斯波利斯有一条通向波斯帝国所有城镇的大道。

　　正因为如此，波斯皇帝建立了一个道路网，使四面八方的人们都能够来到这里。在当时那种几乎没有道路，人们也极少外出的时期，这是一个巨大的成就。但是，令人奇怪的是亚历山大东

043

征之前，外界并不知道波斯波利斯。

　　这座城市大概是座圣城，只对波斯上层分子开放，显得十分神秘。亚历山大占领此城之后，仅在国库中掠夺到的金银财宝就有12万塔兰特，约合312万千克白银，需要30000头驴子才能将这些金银财宝运走。

　　希腊马其顿征服者在城里住了3个月，整天寻欢作乐，酗酒闹事，难以确定如何来处置这座宫廷。最后，亚历山大和他的战友们都喝醉了酒，在难辨是非的情况下放火焚烧了宫廷。

　　据说亚历山大高举着火把，他身后跟着无数的将领、士兵，边走边高呼"报仇"、"报仇！"大家冲进王宫，纵火把王宫烧

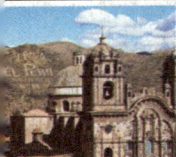

了。正当宫廷燃起熊熊烈火时，亚历山大突然清醒过来，下令士兵救火，但为时已晚，整个宫廷已经葬身在火海中了。

不管亚历山大当时火烧波斯波利斯的动机是什么，但是，无论古人还是今人，都认为亚历山大一生最大的错误莫过于火烧波斯波利斯，这一举动使他的许多崇拜者也无不为之叹息。

波斯波利斯宫廷之火，标志着古代波斯帝国的结束和希腊化时代的开始。此后这座古代世界最雄伟的宫廷，就再也无人居住了，它渐渐地成了一座死城，听任风吹雨打，日渐毁灭。

拓展阅读

波斯波利斯，波斯阿黑门尼德王朝的第二个都城。位于伊朗扎格罗斯山区的一盆地中。建于大流士王时期，其遗址发现于设拉子东北52000米的塔赫特贾姆希德附近，主要遗迹有大流士王的接见厅与百柱宫等。

历史悠久的库斯科古城

库斯科城的历史

库斯科位于比尔加诺塔河上游，安第斯山高原盆地，海拔3410米。居高临下，四周皆崇山峻岭，林木葱郁，气候凉爽，秘鲁人称它为"安第斯山王冠上的明珠"。库斯科城是灿烂的古印加文化的摇篮。

库斯科城是秘鲁南部著名古城，也是古印加帝国首都，现为

库斯科省省会。它已成为秘鲁最重要的旅游胜地。

"库斯科"在克丘亚语中意为"世界的中心"。

传说公元前1100年左右，安第斯山区仍是一片荒凉，太阳神怜惜这群生活在荒原和黑暗中的子民。于是他派遣自己的儿子，也就是第一位印加王——蒙可·卡帕带来光明和温暖，而月神也派自己的女儿玛玛下来成为蒙可·卡帕的妻子。

他们自的的喀喀湖浮出后，便开始了寻找家园的旅程，两人手拿太阳神的金杖测试着沿途的土地，当来到一片水草丰盛的谷地时，太阳神的金杖一下子便消失在土地之中，于是他们便在这片圣地定居下来，这就是今天的库斯科——意为"大地之脐"。

由于印加文明没有文字记载，口传的历史已理不清哪些是神话传说，哪些是真正的史料，再加上印加人崇拜日月山河等大自然神祇，而第一位印加君王又是太阳神之子，君主和百姓之间一直存在着神权的崇拜。反对印加王也就是反对自然之神的思维模式，也已根深蒂固地存在于印加人心中。

以库斯科谷地为基地的印加部落，于12世纪逐渐崭露头角，

15世纪时建立了印加帝国，版图北起北方的哥伦比亚、玻利维亚，南至智利中部、阿根廷北部，几乎囊括了南美洲半壁江山，而农业、医疗、建筑也十分先进，人民生活也相当富庶，因而有"美洲前哥伦布时代的罗马帝国"之称。

然而，随着哥伦布发现新大陆，16世纪时，西班牙人以强大的武力摧毁了库斯科的印加神殿和宫室，并在原来的基础上建起了宏伟的大主教堂和西班牙式的宅第。尽管如此，在西班牙人的破坏与建设之间仍留下不少印加图腾、文物、石造建筑遗迹，其精确的测量与技术，仍是考古界、科学界的谜团。

库斯科城的主要建筑

库斯科古城依照美洲虎的形状而建。头部是位于安第斯山脉上的萨克希沃玛城塞，中部是印加王宫，贵族的住宅在"美洲虎"的尾部。其轮廓现在仍然依稀可见。沿着石板路走进库斯

古堡千年绝秘
jǐ bǎo qiān
nián jué bì

科，映入眼帘的是清一色的纤瓦屋顶，不仅街道巷弄，就连教堂、民居全都是由石头砌成的。

1533年，西班牙殖民者入侵库斯科，将财宝文物洗劫一空，后又经几次地震和200多年的拉锯战，城市受到很大破坏；但城内有些印加帝国时代的街道、宫殿、庙宇和房屋建筑，仍留存至今。城中心是广场，正中耸立着一位印第安人的全身雕像，四周有西班牙式的拱廊和4座天主教堂。

广场东北，有5间大厅的太阳庙建有高耸的金字塔顶，还有月亮神庙和星神庙。广场东南有相对着的太阳女神大厦和蛇神殿的墙壁遗迹。广场附近有考古博物馆。展出印加帝国时期的陶器、纺织品、金银器皿和雕刻碎片等。

城中还有1692年建立的大学。距库斯科城15000米处，有举行"太阳祭"的萨克萨瓦曼圆形古堡。以古堡为起点，印加人修筑

049

了长长的栈道，是秘鲁古代一条主要交通干线。

走访库斯科城，从位于"美洲虎"腹部的印加中心广场开始。帝国时代，这里是举行宗教祭典与军事典礼的中心广场，西班牙殖民时期改建成包含喷泉和大教堂的城市广场。库斯科城所有的道路、建筑、商家都以广场为中心向四方辐射开来。

古城的宗教建筑群

中心广场东北侧是一组以大教堂为中心的教堂群，左右分别为耶稣玛丽亚教堂和艾尔·特诺夫教堂，广场东侧则是建造在宫殿基址上的耶稣会教堂。

大教堂始建于1550年，是西班牙人在宫殿基址之上，融合了西班牙式的文艺复兴建筑风格与印第安人石雕艺术，花了近一个世纪的时间才建造完成的。左侧钟楼的玛丽亚·安哥拉大钟，是南美洲最古老的教堂大钟，其洪亮的钟声在40000米以外都能听见。

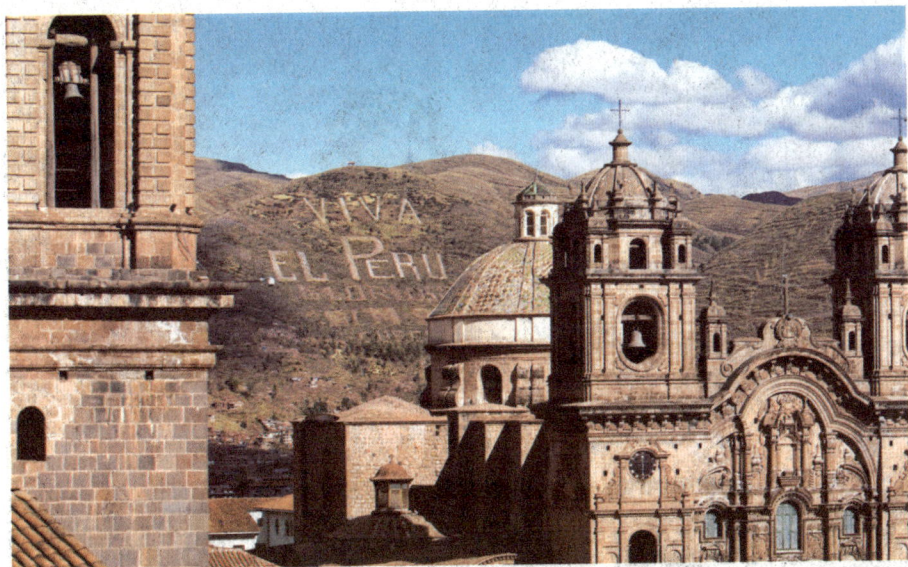

从中心广场旁边的曼塔斯大街朝西南方走，不远便可到达拉摩宝教堂和修道院，教堂中除了精美的宗教艺术品外，还收藏有鲁本斯等著名艺术家的作品。

继续往南就到了圣佛朗西斯科广场，以及宏伟的圣佛朗西斯科修道院。再穿过圣·克拉拉拱门，就是秘鲁历史上最古老的圣·克拉拉教堂和修道院。教堂中装饰着上千面镜子的祭坛，是库斯科宗教艺术品中独特的杰作。

穿过洛莱托街，可以来到建造在印加考利坎恰基础上的圣多明哥修道院。

"考利坎恰"在登恰印第安语中意为"黄金庭院"，是一座由太阳神庙、月亮神庙、彩虹神庙和星神庙所组成的神庙群，规模相当庞大，是印加时代最重要的信仰中心。

据说这个神庙群中的石墙，原本覆盖着700多块，每块重几千克的黄金板。

　　太阳神庙的主祭坛上也以黄金铸造的巨型太阳为装饰，每当阳光照射进来，黄金便会反射出炫目的光芒，将太阳神庙烘托得既神圣又神秘，而另一座月亮神庙则由大量的白银所覆盖。

　　但是当西班牙人占领库斯科之后，不但搜刮了"黄金庭院"中的全部金银饰品，更以此为基础修筑成圣多明哥修道院，"黄金庭院"只剩下回廊下的印加石墙，来寄予人们对昔日印加"黄金庭院"的无限想象。

库斯科城的博物馆

　　库斯科城博物馆藏品虽然不多，规模也不大，但却都如实地反映出了库斯科文化历史发展的脉络。对印加古文化和殖民艺术感兴趣的人，进行一次库斯科博物馆之旅，定会有相当丰富的收获。海军上将宫是库斯科考古博物馆的所在地，主要介绍秘鲁的人类文化、历史发展，展品有石制的箭镞，及印加神庙中挖掘出

的黄金制品等帝国时代的各种用具，因而又称为印加博物馆。有时这里还会展出利马博物馆巡回的文物。

位于巨石街的宗教艺术博物馆是一座建造在第六世印加王印加罗卡宫殿基地上的殖民时代建筑，它曾经是库斯科的主教堂，后来教会将这座建筑和宗教艺术品捐给库斯科市政府，并在此成立博物馆。

这一座博物馆别具特色，除了陈列许多以绘画和彩色玻璃品为主的宗教艺术品外，博物馆建筑本身融合了印加石造地基和西班牙木造建筑风格，造型独特并且具有历史意义。

卡布列拉屋是座规模不大的小博物馆，主要以展览现代库斯科秘鲁艺术家的作品为主，但馆中最珍贵的收藏为20世纪库斯科著名摄影家马丁·乔比的作品。

除此之外，还有一个他的工作室模型，里面保存着他曾经使

用过的各种摄影器材，显示出当时秘鲁摄影技术的运用。而马丁·乔比当时拍摄的库斯科风土人情和自然景观，除了为当地人保留了库斯科过去的记忆，也是人们了解库斯科从过去至现在的第一手珍贵资料。

库斯科城的太阳神庙

库斯科太阳神庙和庙前的中心广场是举行宗教庆典和节日狂欢的神圣场所。太阳神的儿子——印加王国的始祖蒙可·卡帕将金杖插入此地，这里发出金光，耀如太阳，所以又称"金宫"。

太阳神庙由一个主殿和周围几个小配殿组成。西班牙的一位史学家描述这座神庙：太阳神庙面朝东方，是在一块圣地上建筑

起来的。整座庙宇用精心修整过的平滑巨大的石板砌成，这里有一个很优美的祭台，主殿占地约400平方米，上下都镶有较厚的纯金片。正面墙壁上有太阳神偶像，是一块绘有男子脸形，周围环绕着光芒和火焰的用黄金制成的厚重的圆形凸片，它面朝东方，在太阳照射下，放出万道金光。

在太阳神左右两侧的金御椅，举行典礼时当政的印加王就坐在上面。主殿的周围是5个正方形的小殿，它们依次为供奉月神——太阳神的姐妹和妻子的月神殿，殿里的每一件东西都纯银制成的。月神像是绘有女人面容的银制圆凸片，接着是供奉金星和7颗启明星以及天上其他的星星的"星房"，与月亮神殿一样，

殿中所有的器物也均由白银制成。

库斯科城的印加石墙

　　库斯科市中心除了红瓦石墙的教堂、民居外，最吸引人的莫过于充满韵味的印加石墙，两侧分立着祭妇楼和耶稣会教堂的洛莱托街，是目前库斯科最长的一段古印加石墙。在巨石夹道的小巷中前行，两侧打磨光滑的花岗石令人不由得伸手抚触。

　　在感叹前人的匠心巧作之时，会奇怪石墙最底层皆以小石块为底，而上面的方石却逐渐往里倾斜堆叠，原来这样可以减缓地震所造成的危害，据说在历次大地震中，建于印加石墙上的殖民建筑几乎完全倾倒，而底层的印加石墙却丝毫无损，实在令人惊奇。

　　巨石街是库斯科城中另一条有名的街道，这里保留着一段第六世印加王——印加罗卡宫殿的石墙遗址。与洛莱托街的石墙不同，巨石街的石墙全部由体积巨大的石块堆砌，其中最著名的是

那块有12个角的巨石，天衣无缝地和其他巨石镶嵌在一起，充分表现出印加人精湛的石材技术。传说12角石可能是印加时代的月份牌，12个角分别代表了一年的12个月。

拓展阅读

非斯是摩洛哥北部古城和穆斯林宗教文化中心，非斯省省会。老城跨非斯河两岸，西距拉巴特190千米，人口约45万；地处高地，海拔410米，气候温和，为摩洛哥4座古老王国城市中历史最悠久的一个。

雅典卫城的非凡建筑

雅典卫城的历史

雅典是希腊的首都，位于希腊南部阿梯卡半岛的西南，面积470平方千米，是希腊的政治和文化中心。"雅典"一名源自城市的保护神胜利女神雅典娜。

相传古时候女神雅典娜和海神波赛冬都想做这个城市的保护神，两人争执不下，最后只好由市民决定，最后市民选择了雅典

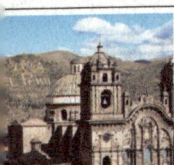

娜，城市也因此得名。

卫城是雅典的心脏，它坐落在老城中心的一座高150多米的小山丘上，故也称"高城"。卫城东西长300多米，南北宽150多米，四周以城墙围合。卫城的建设始于麦基尼时代，当时是一位国王的城堡，公元前480年被波斯人焚毁。

后来卫城得到重建，但它的功能发生了很大的变化，从国君的城堡变成宗教圣地，在它的上面相继建造了万神庙、山门、胜利女神庙以及黑德克神庙等宗教建筑。

从卫城南面沿小径上山，很快会看到一组由多根希腊柱构筑而成的建筑物，这就是卫城的山门，也是古希腊人上山朝拜雅典娜的第一站。山门建于公元前437至前432年，经过数千年的变迁，现在屋顶和山墙已经不见了，留下来的只有数根大理石柱子。山门左侧是建于公元前432至前421年的雅典娜胜利女神庙。

卫城的两座神庙

巴特农神庙位于山门内的高台上。巴特农神庙的前身建于公元前6世纪前年期。古希腊文明象征的巴特农神庙，历经了公元前570年至前566年的百柱殿、公元前529年至前520年的古神殿和公元前490年以后的巴特农第一神殿等阶段，才发展为目前第四代的雅典娜巴特农神庙。为了研究雅典娜神庙的建造方式和真正的建造年代，人们不得不先把巴特农神庙解体。

巴特农神庙的右侧是著名的黑德克神庙。它于公元前421年至前406年建在旧的雅典娜神庙的基础上，是卫城上最年轻的建筑，

也有人说它是最美的建筑。

黑德克神庙由三部分组成：西侧是黑德克王的墓室；北侧是由6根爱奥尼式柱支撑的一个大厅，柱子细长秀美，是希腊早时期的代表作；神庙南侧是一个小厅，支撑它的柱子不是一般的柱式，而是6个美丽的"少女"，她们各个端庄秀丽，虽顶着重重的屋顶，但表情动态依然轻松自如。现在室外的为复制品，原作存于卫城博物馆内。

酒神剧场和露天大剧院

卫城南面的围墙脚下有两个古希腊时期著名的剧场：酒神剧

场和露天大剧院。公元前约6世纪，一尊酒神的塑像被带到了雅典，于是，古希腊人开始供奉这位狂饮与欢乐之神，并建造酒神庙及酒神剧场。

剧场于公元前约330年建成，当时可以容纳17000人，是雅典城中最大的剧场。剧场分为后台、舞台和观众席三部分，整个平面呈半圆形。今天人们仍可看到半圆形的舞台和上面由大理石拼成的几何图案及石椅和看台。

古希腊时期剧场是重要的社会交际场所，每逢有话剧上演，无论是贵族还是平民都可前来观看，而上演的剧目大都是悲剧。

有人说这是因为希腊人崇尚哲学，而当时人们认为悲剧中蕴含更多的人生哲理。于是酒神剧场就和希腊悲剧结下了不解之缘。

拓 展 阅 读

传说雅典娜和海神波塞冬争夺这座城市。宙斯决定：谁能给人类一件有用的东西，城就归谁。波塞冬给人类的是一匹战马，雅典娜给的则是一棵油橄榄树，因为橄榄是和平的象征。结果，这座城归了雅典娜，希腊首都雅典就是以雅典娜的名字命名的。

楼兰古城为何消失

楼兰古城废弃的原因

楼兰古城位于今天我国新疆巴音郭楞蒙古族自治州若羌县北境，罗布泊以西，孔雀河道南岸7000米处，整个遗址散布在罗布泊西岸的雅丹地形之中。

楼兰是汉代西域一个强悍的部族，他们居住在新疆塔克拉玛干大沙漠的东部，罗布泊的西北缘。楼兰人的首都就是著名的楼

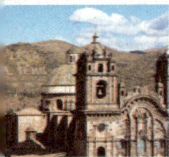

兰古城。据记载，那时的楼兰国政通人和，经济繁荣，物产丰富，是"丝绸之路"上的一个繁华之邦。

公元前108年，楼兰国臣服了汉朝，年年岁岁进贡朝廷，以后几降几反，成为当时汉朝的心腹之患。

楼兰古城曾经是人们生息繁衍的乐园。它身边有烟波浩渺的罗布泊，城前环绕着清澈的河流，人们在碧波上泛舟捕鱼，在茂密的胡杨林里狩猎，人们沐浴着大自然的恩赐。

据《水经注》记载，东汉以后，由于当时塔里木河中游的注滨河改道，导致楼兰严重缺水。敦煌的索勒率兵1000人来到楼兰，又召集兵士3000人，不分昼夜横断注滨河，引水进入楼兰，缓解了楼兰缺水困境。但在此之后，尽管楼兰人为疏通河道做出了最大限度的努力和尝试，但楼兰古城最终还是因断水而废弃了。

古城遗迹的现状

楼兰古城四周的墙垣，多处已经坍塌，只剩下断断续续的墙垣孤立在那里。城区呈正方形，面积约10万平方米。楼兰遗址全景旷古凝重，城内破败的建筑遗迹已没有了当年的生机，显得格外的悲壮和苍凉。

俯瞰楼兰古城，城中东北角有一座烽燧，虽然经过历代不同时期的补修，但依然从它身上可以看出最早汉代建筑的风格。烽燧的西南是"三间房"遗址。这座100平方米的房屋，建筑在一块高台上，三间房正中的一间要比东西两间显得宽大。20世纪初，瑞典探险家斯文·赫定曾在东面一间房内发掘出大量的文书简。从3间房西厢房残存的大木框架推测，这里昔日曾是城中屯田官署所在地。继续向西是一处大宅院。院内南北各有3间横向排列的房屋。在古城这座院落建筑也是比较排场的。相形之下大宅院

南面的房舍多数是单间，矮小、散杂而破败不堪。

楼兰遗址的发掘考察

1900年3月，瑞典探险家斯文·赫定沿塔里木河向东，到达孔雀河下游，想寻找行踪不定的罗布泊。3月27日，探险队到达了一个土岗。这时，斯文·赫定发现他们带来的水泄漏了许多。在干旱的沙漠中，没有水就等于死亡。于是他们去寻找水源，然后令人难以置信的一幕发生了，一座古城出现在他们的眼前：有城墙，有街道，有房屋，甚至还有烽火台。

斯文·赫定在这里发掘了大量文物，包括钱币、丝织品、粮食、陶器、36张写有汉字的纸片、120片竹简和几支毛笔……

斯文·赫定回国后，把文物交给德国的希姆莱鉴定。经鉴定，这些文物来自赫赫有名的楼兰古国，这个发现使整个世界震惊了，随后，许多国家的探险队随之而来…… 经历史学家和文物

学家长期不懈的努力，楼兰古国神秘的面纱被撩开了一角。1979年，新疆考古研究所组织了楼兰考古队，开始对楼兰古城古道进行调查、考察。在通向楼兰道路的孔雀河下游，考古队发现了大量的古墓。其中几座墓葬外表奇特而壮观：围绕墓穴是一层套一层共7层由细至粗的圆木，圈外又有呈放射状四面展开的圆木。整个外形像一个大太阳，不由得让人产生各种神秘的联想。它的含

义究竟如何，目前还是一个未解之谜。

楼兰古城消失的各种说法

楼兰消失于战争。5世纪后，楼兰王国开始衰弱，北方强国入侵，楼兰城破，后被遗弃。

楼兰衰败于干旱、缺水，生态恶化，上游河水被截断后改道，人们不得不离开楼兰。楼兰曾颁布过迄今为止发现的世界上

最早的环境保护法律。

楼兰的消失与罗布泊的南北游移有关。斯文·赫定认为，罗布泊南北游移的周期是1500年左右。3000多年前有一支欧洲人种部落生活在楼兰地区，1500多年前楼兰再次进入繁荣时代，这都和罗布泊游移有直接关系。

楼兰消失与丝绸之路北道的开辟有关。经过哈密、吐鲁番的丝绸之路北道开通后，经过楼兰的丝绸之路沙漠古道被废弃，楼兰也随之失去了往日的光辉。

楼兰被瘟疫疾病毁灭。一场从外地传来的瘟疫，夺去了楼兰城内90％居民的生命，侥幸存活的人纷纷逃离楼兰，远避他乡。

楼兰被生物入侵打败。一种从两河流域传入的蝼蛄昆虫，在楼兰没有天敌，生活在土中，能以楼兰地区的白膏泥土为生，成

群结队地进入居民屋中，人们无法消灭它们，只得弃城而去。

由于佛教文化的输入而使楼兰失去了创造力和生产力，逐渐发展成为失去了生存的能力，在这种情况下，任何一件自然因素都会导致其消失。

拓 展 阅 读

楼兰古尸之谜：著名的"楼兰美女"出土于1980年，当时，考古学家在罗布泊铁板河发现一具保存完好的女性古尸，女性的皮肤为红褐色，面部轮廓明显、眼睛大而深、鼻梁高而窄、下巴尖而翘。由于这具女性古尸是在神秘的楼兰古城附近被发现的，所以就给她取名为"楼兰美女"

邛海水下有无古城

卫星图显示的异样水面

邛海位于四川省凉山彝族自治州西昌市，古称邛池，属更新世早期断陷湖，至今约180万年。其形状如蜗牛，南北长11.5千米，东西宽5500米，周长35千米，水域面积31平方千米；湖水平均深14米，最深处34米；水面标高为1507.14米至1509.28米；水位变幅小，集水面积约30平方千米。

邛海水下到底有没有古城？史书记载和民间传说，都给西昌

邛海蒙上了一层又一层的神秘面纱。尽管对于古城有无的争论一直没有停息过。但是"邛海水下有古城"依然留有无穷的悬念等待着人们继续探寻。

2008年"五·一"假期间，教学计算机的胡璧硅在网上点开卫星地图发现，地图上邛海水面有异样。"卫星地图上，邛海明显被分成了上下两部分，上层部分是很清晰的水面，下层部分，即水以下部分，仿佛有什么东西。"这是什么呢？难道是"水下古城"？

老人发现神秘水下实物

坐在邛海边，望着碧波荡漾的湖水，家住海南乡古城村，已近古稀之年的一位老人说，年轻的时候，晴天时，在水浅的地方，他们能看见水下有茅厕样的东西，还有树桩等。

其实，在卫星地图引发口角之争的一个月后，花奇品老人宣

称，他手捏6个证据，证明"邛海底有人住过"。花奇品老人的邻居、一位退休教师说，花奇品老人手中的6个证据，主要来自于老人年少下海"扎猛子"时，发现淹没于水下的石埝子、碑石和贾家铺子遗址。

原来，老人年少在湖中"扎猛子"发现的石埝子，主要位于焦家村五组肖家堰、梓潼宫往西南方距岸800米，海南乡核桃村柳树嘴美人池等处。其中梓潼宫方向的石埝子最为规整。

"此处石埝子，在湖下约7米深处，有3间房屋大小，长有15米多，是人工砌的石脚。"谁人在水中修房子？出于好奇，花奇

品和另一渔民再次"扎猛子"亲手摸。"如今，那个地方已变陆地，距湖200多米，石硬子藏在地下数米深处。"花奇品说。面对老人们提供的"石埂子"证据，刘弘表示，邛海边自来有人居住。随着时间推移，湖面大小肯定会出现变化。曾有人居住过的地方，要么被水淹，要么被淤泥埋。像20世纪70年代，焦家村发现的明代地震碑和清代墓葬就是典型。

声呐探测显示数据异常

2004年，为更好地完善邛海流域环境规划，邛海泸山综合整治开发建设指挥部请来云南省环境科学研究所专家，首次对邛海

水底进行考察。

　　依据声呐数据发现：数据竟呈规律性异常。多次重复后，规律性异常依然存在。"难道水下有东西？"面对专家的疑问，专家也很激动："我生长在邛海边，对于邛海传说，更是早有耳闻。这些规律性异常数据，难道是水底真有宝贝？"

　　至2004年的9月初，按规律性异常数据框定的图案出炉。望着规整的图案，专家更是惊呆了：声呐数据规律性异常分布区域，

面积竟达6平方千米。西昌市文管所研究员拿出《后汉书》说：
"规律性异常，可能是'一个被遗忘在史记之外的国度'"，即
水下有疑似建筑群。

规律性异常如是建筑群，不单会引来邛海海底考古热，还会
给西昌旅游带来无限商机。于是，专家们一起找到当时的西昌市
市长，请求对邛海水下做进一步探测。请求很快得到了许可，邛
海水下疑似建筑群探测领导小组迅速成立。

2004年9月30日，仪器、专家、潜水员分批到达，探测如期举
行。由于卫星信号晚上更好，探测选在夜间进行。不过，潜水员
在水下见到的，不是呈方形的房屋、墙垣，而是许许多多圆形、
长圆形的淤泥堆，它们的高度达两三米，甚至四五米不等，潜水
员伸手摸去，直至手臂和头都陷进了淤泥，仍无法接触本体。

在探测过程中，潜水员偶尔会发现个把巨大独立岩石或水底海沟，却全部被淤泥覆盖着，声呐找得到，潜水员却始终摸不着。吴少林有点不甘心，他让人找来取样钢管，让潜水员下潜扦插。然而，除取得分层淤泥条状土样外，仍然一无所获。

关于水下疑似建筑群之说，凉山州博物馆馆长给予了驳斥。说，他通过调查后分析：6平方千米的"古城"面积，仅比如今西昌城小一点儿，西昌古时不可能有那么大的城市。

经过几天的梳理，尽管想找的建筑群没找到。但本着科学态度，专家们得出一致结论：还不能绝对排除存在的可能性。"因为没摸到海的底，谁也不敢把话说绝了。"一番话，依旧给"邛海水下有古城"留有悬念。

水下有无古城的论争

西昌地处横断山脉，乃地震多发区。史上有记载的大地震

有：公元前116年汉武帝元鼎元年的大地震，震级8.9级；1536年，明朝嘉靖十四年的大地震，震级7级左右；1850年清朝道光三十年的大地震，震级7.5级。

"邛海是地震所致，而且当时的邛都沉陷到了海底，因为范晔的《后汉书》中早有记载。"提起邛海的形成，一些人坚信"地震说"。"邛海因地震形成不是神话，邛都城池沉陷海中，也不仅仅是传说，可能是真的。"

不过，这些引来文物考古者的质疑，直言"邛海地震形成说"乃凭空捏造。有的人说，邛都县是汉武帝开发西南夷设置15县之一。司马迁时任西汉中书令之职，全程参与了西南夷各郡县的设置。而且，司马迁曾到过西昌。不过，"城陷于海"这样的大事，司马迁在《史记》中却只字未提。

反驳证据，还有两位四川籍史学家，一位是西晋时期的《三

国志》作者陈寿，另一位是同时期的《华阳国志》作者常璩。

"这两位史学家世居四川，对境内发生的城陷为海的大事，绝不可能从耳未闻，更不可能不记。因此，几百年后，司马迁、班固、陈寿、常璩的后生，距西昌万里之遥的范晔，凭空捏造出'邛都……地陷为汙泽'这样的谎言，实乃可笑！"张正宁表示。有人说，翻开中国历史，西昌历史上从未设置过梓潼县，"何以沉没于邛海海底呢？"

"西昌有汉城，不过，依照我个人研究，这座汉城一定不会在邛海水下，而是在地势较高地方。"省社科院考古研究所表示，邛海水下有座城的说法，完全不靠谱！从地质学角度讲，邛海乃地质结构变化形成，距今已超过百万年，而汉代距今2000多年，从年代讲"邛海水下有古城"也是站不住脚的。

还可以说明一点的是，古人在城址选择上，往往会综合考虑地形地貌。特别是城址地形是否适合外敌防御，是城址的第一考虑因素。因此，古人的城址一般会选在地势较高位置，比如山

上。绝不可能选在地势较低的位置。

那么，西昌境内有汉城吗？省社科院考古研究所表示，通过前期考察，西昌应该有一座汉城。不过，从当前出土文物看，西昌汉城还尚未完全被发现。

该遗址已于2002年被省政府列为省级文物保护单位。

拓展阅读

滦州古城，位于河北省唐山市滦县老城境内，占地2000亩。古城整体建筑以盛清，即康、乾的建筑风格为主基调，共同展现北方古镇的地域特色；在装饰装修，景观节点等方面，不同区域根据不同的历史节点和民族特色，用不同的文化元素和建筑形式，表现不同民族的不同个性。

康保西土城的神秘骰子

张库大道上的神秘古城

西土城位于河北省康保县二号卜乡，是一个拥有200多户，800多居民的大村庄。它处于河北、内蒙古两省区交界，是张北、尚义、康保、化德和商都五县交汇之处。

张库大道的驼铃、牛铃已经远去，但风沙肆虐后的古商道上

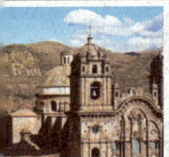

却为我们留下了一座神秘的古城——康保西土城。西土城残垣南北长1000米，东西长800米，城垣遗址的总长度竟然达到3500多米。草原古城规模如此之大，令人咋舌。

西土城文物遗存丰富，地表碎陶、残砖碎瓦等俯首可见。民间文物遗存众多，村民家中保存有鸡腿瓶、黑釉罐、古铜钱、古铜镜等年代不详，形态各异的文物，特别令人不解的是这里地表和民间竟然散落着数量巨多的骰子。

西土城地处康保金长城内侧，建筑年代尚不清楚。古城的历史之谜有待专家学者的探究和破解，但张库大道兴盛时，这里的繁荣却给生活在这里的村民留下深深的记忆。

古城出土大量的赌具

西土城说是城，其实一点也感觉不出城的样子。几间红瓦砖

房，夹杂在土坯房中，和一般的农村没有什么两样。

西土城城墙呈马蹄状，南北长约1 000米，东西宽也在800米以上，周长约3 600米。最让人惊讶的是这个村出土了好多骰子，有石头的，也有骨制的。

在村子的南部，是一片盐碱滩，没种什么庄稼。但见一些坑坑洼洼和一些鼠洞，这些坑坑洼洼都是淘宝者留下的痕迹，这些淘宝者有的来自村里，有的来自外地。

野地里，碎陶烂罐，驼骨驼牙更是随处可见。有图案的，没图案的，就是闭上眼、蹲下身随手一摸，都能抓起几块。

西土城的众多谜团

毫无疑问，这是个古代都城的遗址。但这个都城是什么年代

修建的？是武城还是居民生活城？这个都城为什么能够出土如此
之多，如此之丰富的骰子等赌具？这里究竟是一座古人留下的赌
城还是赌具的集散地？

　　如果是赌城，玩赌的人来自何方，为什么要聚在这里？如果

是集散地，其生产源头和销售又在哪里？因为当地也并没有这种能够烧制骰子的土质。通过散存在民间的器皿用具看，使用的人不乏来自上层社会，这又如何解释？

几年前，就在村口往南约50米的地方，有个村民在挖垫圈土时挖出了一处石道。石道就建在城墙底下，分两个通道，每个通道约有1.2米宽，高有2米左右。石道用石条砌成，上面用石板盖住。

在一户村民的房后面有两根石柱，其中一根石柱从不同侧面都有几个窟窿穿过。这是用作固定城墙和门柱的，至少说明当时

已经掌握了利用榫卯结构构筑工程的技术。但这些石柱用材，并不是当地所产，是从哪里运来的呢？我们不得而知。

拓 展 阅 读

　　崇武古城，地处福建省东南沿海的突出部、泉州湾和湄州湾之间、惠安县境东南24000米的崇武半岛南端，濒临台湾海峡，也称"莲岛"。始建于1387年，是我国仅存的一座比较完好的明代石头城，也是我国海防史上一个比较完整的史迹，为"全国重点文物保护单位"

铁山寺古城的神秘消失

古城的神秘传说

在离南京不远的江苏省盱眙县的西南角有一座大山，关于这座山，当地老百姓一直流传着一个神奇的传说。据说在山里曾经有过一座古城，古城扼住南来北往的交通要道，在历史上一度繁华至极。但是，不知什么原因，也不知道是哪一年，这座古城神秘消失了。

古城上的火山喷发

这座大山位于盱眙县铁山寺国家森林公园内，属于大别山余脉的一部分，这里的山势较缓，山也不高，不过连绵起伏，非常壮观。

在这座山里，曾经诞生过一个古城，这个古城名叫拷城。由于这座城市在史书中很少记载，所以有关它的资料也极少。

因为这里很少有人来过，还保存着最原始的状态，山里的空气非常清新，偶尔会看到一两只白鹭在山坡上栖息，显得悠然自得。在一处界碑的路旁有一块平地，平地上竖立着很多柴草垛。难道这里就是当年古城的旧址？

据介绍，这通界碑是江苏省和安徽省的分界碑。此处是江苏省和安徽省的交界地，横跨两省三县，在界碑的西面是安徽省的明光县，界碑的南边是安徽省的来安县，而盱眙县就在界碑的东北。

因为这座山曾经是一座火山，火山喷发形成了大量的大小不一的石头，所以这座山上漫山遍野都是石头，越到山顶就越明显。而路旁的石头是在修筑道路时挖出来堆积而成的。

那么，会不会就是因为火山喷发，导致古城遭殃而消失的呢？

据了解，这里的山脉大多形成于几千万年前，这里的火山形成的地理风貌独特，叫做玄武岩台地风貌，形成这种风貌的火山是一种"宁静式"喷发形式。这种喷发形式没那么强烈，而是像在煮东西一样不断往外冒岩浆，山体是经过一层层的岩浆不断堆积形成的，所以就形成如今这种山势较缓的山体。

而这里的石头大多表面都有小孔，这是因为火山在往外冒岩浆时，石头里面注入了空气，产生气泡形成的。而传说中的梅花石可能也是因为这个缘故而形成。

　　但是，这座火山在3000万年前喷发过后，就再也没有活动过了。而3000万年前地球上还没有诞生人类，所以更没有这座古城存在。古城被火山掩埋的说法就被排除了。

建在高山上的古城

　　在这座山的山顶是一望无际的草场，如果不是因为公路就在峡谷旁边，你会以为来到了内蒙古草原。而行走在峡谷旁边，望着幽深的谷底，又让你感觉仿佛来到了青藏高原，心中豁然开朗，这种感觉真是难以用文字来形容。

　　古城就建在离这不远的一座高达190米的山峰上。这不得不让人感到困惑，为什么古人要在这么高的山上修筑一个城市呢？

　　在这一带，流传着一个俚语，叫"石头盖房房不倒"，因为这是一座火山，山上石头很多，所以山里的房子大多是用石头修建的，这种房子不仅坚固，而且里面冬暖夏凉，所以要在这里盖

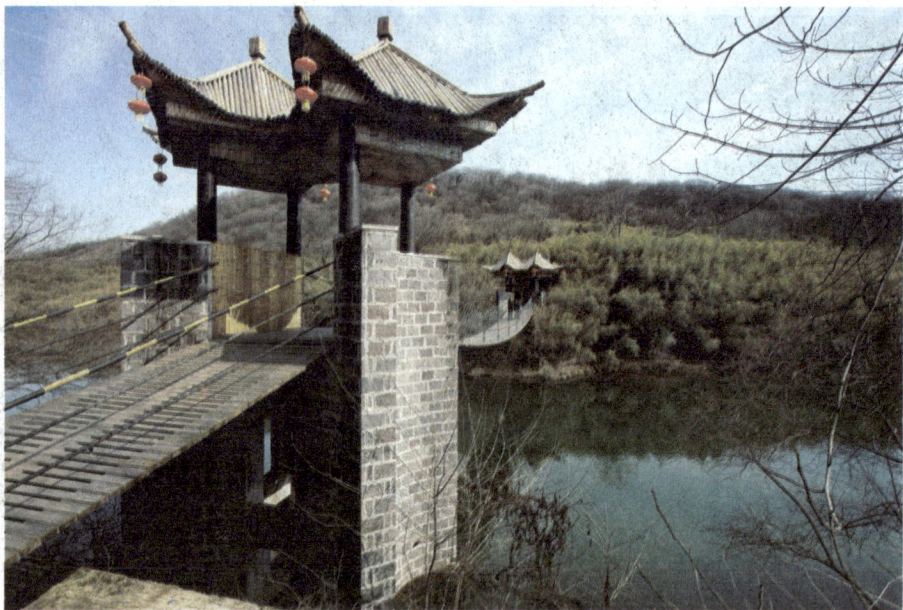

房子也不是太难的事情。而且这些石头都是在修筑前经过打磨的，所以非常平整，而且石头之间没有用任何的黏胶材料连接。除了就地取材的原因，南京大学历史系教授胡阿祥还给记者提供了另一种解释。在唐代之前，盱眙的县城也是修建在山上的，因为这样的地势条件非常优越，对作战非常有利。据此推断，这座古城修在山上也不稀奇了。

"考城"和"拷城"的疑问

传说中的古城遗址位于铁山寺的正东方，这座山叫大阳山，山高约190米。在一个较为平坦的地方，竖着一块牌子，上面写着"拷城遗址"几个字，现场根本看不到一点古城墙之类的建筑，只在一片草丛里看到一些碎瓦片。那么，历史上这里真的存在过这样一座城市吗？

据介绍，拷城最早的历史可以追溯至东汉时期，至今已经有

1800多年，一度属于东阳郡管辖，此后又经历了各种建制，直至宋朝，史书上还有拷城记载，但后来的史书就没有记录了，这座城市也随之不见了。具体它是怎么消失的，也就成了一个谜。不过胡阿祥告诉记者，史书上只有关于盱眙的"考城"的记载，没有找到"拷城"，关于"考城"的记载是这样的："东晋义熙年间，侨置考城县，隶属于盱眙郡，治所在今盱眙县南古城乡。隋初废入盱眙县。"也就是说，这个考城是个外来户，是东晋时期由北方人南迁过来建立的。

关于拷城，在历史上虽然名不见经传，但在这里却发生过很多战役。比如宋朝时期和金兵作战时，大多时候就在这里，杨家将焦赞练兵大营就设在这附近，另外著名的岳飞抗金的青龙山战役也是在这附近发生的。在铁山寺附近的山上，到处都有古战场遗留下来的痕迹。

古城上的奇怪湿地

而古城究竟为何消失，专家推测，可能由于连年战火，这座城市也就被战火所摧毁了。不过虽然城市没有了，但这里依然是皇家、兵家长期占据的地方。令人更加惊奇的是，在这个海拔180多米的地方，却存在一块湿地。

这块湿地非常奇怪，一年四季都是有水的，从来没有干涸过，而周围也没有其他水源。所以，据说明代朱元璋当年就在这里设了一个跑马场，为南京的宫廷输送战马。不过在这块湿地周围，已经难觅跑马场的任何遗迹了，倒是有成群的牛在悠闲散步。

拓展阅读

　　凤凰古城，位于湖南省西南部边缘，地处武陵山脉南部，云贵高原东侧，湘西土家族苗族自治州境内。西邻贵州省松桃县和铜仁市，东与本省凤凰古城相连，北与凤凰县和吉首市接壤，东南与麻阳县为邻。总面积1759平方千米，东西最宽50千米，南北最长66千米。

失落的集宁古城

发现没有掩埋的尸骨

2002年，我国内蒙古自治区右前旗土城子村，因政府决定修建高速公路，要从集宁古城之上通过，内蒙古考古队开始对这里进行抢救性的考古挖掘。

人们发现，这里曾是一个战火弥漫的战场，一些在战争中丢失性命的人被胡乱殓葬一处，还有一些人则曝尸荒野；而这里又

曾是人声鼎沸的热闹集市，货源充足，物品丰富，大户人家拥有遍及全国的珍贵商品，然而，所有的喧嚣与财富瞬间消逝，像风一样无影无踪了……这是一个发生在600多年前的故事。

考古队发现了一具尸骨，尸骨俯卧在一处墙垄上，四周竟然没有发现任何掩埋的痕迹……一般说来，没有经过掩埋的古代尸骨，通常所意味的是一种饿殍遍野的典型遗迹。

在探方工作中又发现另一具尸骨，它处在耕土层下，属于集宁古城文化堆积当中最晚的这一时间段，这说明这个人的死亡年代和集宁古城的淹没年代应该是相一致的。考古队员将这具尸骨清理完毕之后，吃惊地发现，他的一条腿还有半个身体几乎不存在了，经过检测发现，有刀砍的痕迹。这是一具被刀砍去了半边身体的尸骨。难道，在它背后隐藏的竟是一场残酷的战争吗？而这个说法似乎也能解释先前发现的那具没有经过掩埋的人骨，死

者有可能也是在战争中死去，兵荒马乱之际，始终没人顾及到他的尸体，于是他保持着死亡时的姿态，直至了数百年后的今天。

发现七大窑系瓷器

在集宁遗址的泥土里，陆续出土了大量碎瓷片，出人意料的是，这里竟然包含了当时中原七大窑系的瓷器，几乎涵括了元代中原地区的所有窑系。在考古专家看来，如果这些瓷器发现于中原地区，或者是发现于瓷器的产地，可能人们会感到不以为然，但是它恰恰发现于农牧结合带的内蒙古草原地区。在这个农牧结合带发现中原七大窑器的瓷器，而且发现量非常之大，种类也非常之丰富，这种情况在我们考古学史上还是前所未有的。

七大窑系瓷器的发现，使得集宁从先前的毫无文物价值，陡然变成了一个瓷器考古史上的奇迹。但是，为什么在集宁这样一个北方草原城市，竟然存在着如此众多来自中原各地的瓷器呢？难道这些瓷器是集宁人自己模仿着烧造的呢？考古技工在集宁遗址上找到了一些窑址。然而，经过仔细鉴别，并没有从中找到瓷窑。

通过对当地土质的分析，发现这里不仅无法模仿烧造出当时中原各窑系的瓷器，就连普通瓷器也不大可能烧制出来。因为当地的土质都是一些碱性非常大的，或者是一些非常粗糙的黄、红土，黏度非常大，不适合于烧造瓷器。看来，出现在集宁的绚丽瓷片，的确是来自当时的中原各地。

集宁古城的未解之谜

元代集宁古城面积为一平方千米左右，最早建于金代，后被元朝所利用，当时这里是金代同漠北进行贸易往来的重要地区。这个曾经是贸易集中地的古城毁灭的原因令人费解。

1351年，直接针对元朝政府的农民战争——红巾军起义从集宁横扫而过，他们是否因风闻集宁的富庶而在这里实行劫掠，尚无从考证。然而，这场战事被元朝朝廷迅速平息，战争过后，居民陆续返回集宁，他们收拾战场，掩埋尸体。

　　有的人甚至悄悄挖掘别人在战前掩埋的财物。一切重新回到了轨道。10年之后，居民们又听到了战火的消息。曾经经历过战争的人们坚信，有朝一日还能回到这里重建家园，于是他们尽可能地掩埋那些无法带走的财物等待战争过后再次取回。他们并不知道，自己再也不可能见到这些东西了，因为，迫使他们再次离乡背井的，是一场改朝换代的战火，明朝的历史从此翻开。明朝朝廷政府和逃离北方的北元政府进行拉锯战期间，集宁北方的元上都被明军作为军事防御基地镇守着，没有人知道集宁的存在。

　　200多年以后，明朝开始采取以守为攻策略，把北边防守卫所全部撤到关内，集宁从此成为明朝长城外一个无人问津的地方，无论汉人还是北元的蒙古人，再也没有来到这里。曾居住在集宁的人们，早已不知逃离到了何方，而经历战火遗留下来的一切，逐渐被野草覆盖，一座城池从此消逝。

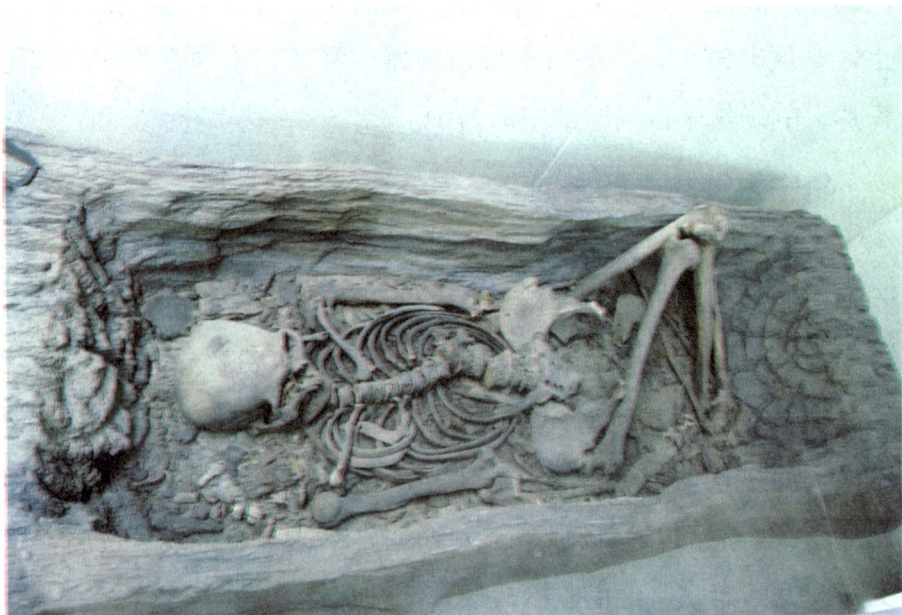

集宁，似乎具备一种特殊的地位，使得中原各大窑系的瓷器一种不落地汇聚在这里了。那么，到底是一种怎样的特殊地位，使这个城市拥有足以炫耀后世的物资呢？又会不会正是因为如此，才给集宁招致了毁灭性的战争呢？这些问题还需要等待进一步的研究。

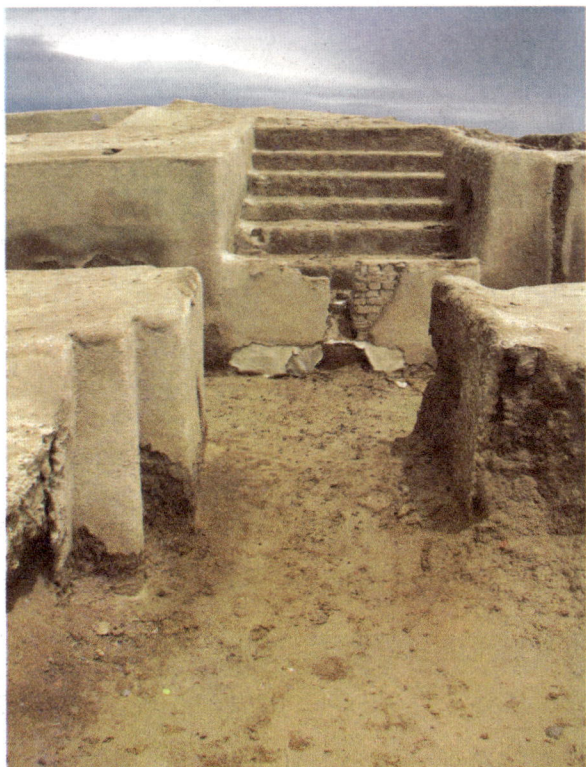

拓 展 阅 读

集宁古城遗址，位于内蒙古乌兰察布市察右前旗巴音塔拉乡土城子村，北邻110国道，南靠黄旗海，西距乌兰察布市集宁区25千米。古城原系金代集宁县，为西京路大同府抚州属邑，是蒙古草原与河北省、山西省等地进行商贸交易的市场。元代初年，升为集宁，属中书省管辖，下辖集宁一县。

失落的古城

印度桑吉

桑吉佛教古迹位于印度中央邦首府博帕尔城东北约45千米。1989年，联合国教科文组织将其作为文化遗产，列入《世界遗产名录》。坐落在印度一个小村子——桑奇村的桑吉佛教古迹，虽然身处荒远乡野，但它却以"佛塔之城"世界闻名。

从公元前3世纪至12世纪，在这座高不足100米的小山丘上分布着50多处遗迹，其中佛塔、修道院、寺庙及圣堂等许多历史建

筑被部分保存下来。

　　相传公元前3世纪，阿育王皈依佛门之后，在全国大力弘扬佛教，在全国共建有84000座佛塔，其中8座建在桑吉，现存3座，其中最著名的是桑吉佛塔1号遗址，又称桑吉大塔。

　　桑吉大塔附近有一个砂岩的寺庙建筑，它仍保留着当年阿育王时代未竣工的模样，这里最为出名的是保存着阿育王的一个诏书，该诏书主要内容是：任何有害于佛教文化交流的行为都是不可以的，否则将受到国王的制裁。桑吉大塔现为印度最大的佛塔，其丰富的雕刻作品是古印度佛教之精粹，在佛教史上有着重要地位，佛塔建筑表现了早期印度佛教建筑的风格。

　　在某种程度上，桑吉佛教古迹所具有的价值是引领了印度建筑艺术的发展。毫无疑问，它是印度历史上的一个丰碑，对培育、发展、发扬佛教文化有着不可磨灭的作用。

叙利亚古城台德木尔

　　被誉为"沙漠新娘"的叙利亚古城台德木尔，位于首都大马士革东北210千米的茫茫沙漠中。远眺这一大片绿洲，椰枣树摇曳，石柱、残垣掩映其中，四五千年前的阿拉米人称其为"台德木尔图"，意为"奇迹"。其独特的魅力令人难以忘怀。

　　最让台德木尔人引以为自豪的是它那辉煌显赫的历史、动人

的故事传说极其美丽女王扎努比亚。

　　史书记载，217年，罗马皇帝宣布台德木尔为帝国领地，台德木尔人的香料、调料、象牙、玻璃和丝绸等免交赋税，台德木尔渐渐繁华，城市建筑扩大。后来，罗马与波斯帝国间战火激烈，罗马向台德木尔国王求助。

　　267年，台德木尔国王两次抵御并击败了波斯军队，罗马人

感激不尽，赐台德木尔国王"东方之王"称号。国王同年遇刺身亡，其妻扎努比亚自立为王，成为名震一时的显赫女性。

273年，扎努比亚被掳往罗马，罗马帝国再次征服了台德木尔。台德木尔的古迹闪现着中东历史的一段辉煌，述说着一个梦想，它曾经是一位女王的追求，也是台德木尔人对安乐生活和自由的向往。

埃及塔尼斯

塔尼斯又称达贾奈特，它曾是一个最富有的贸易中心和埃及第二十一和第二十二王朝的首都。最近几年考古学家在塔尼斯遗址获得最大考古学发现。这座古城有很多精美绝伦的皇家陵墓和方尖石塔。

塔尼斯建城在埃及第二十王朝，在埃及第二十一王朝时期成为北部埃及的首府。塔尼斯是第二十一王朝的建立者法老斯门德斯的家乡。在接下来的埃及第二十二王朝，坦尼斯仍然保留了埃及首都的地位，虽然在埃及南部有与其对立的政治中心。

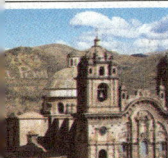

塔尼斯也是一个重要的商业城市，在地理上具有战略意义。直至6世纪曼扎拉湖的洪水威胁其存在，导致其最终被废弃。逃亡者在附近建立了新的城市。

墨西哥帕伦克

帕伦克是位于墨西哥南部的一座古代玛雅城市，它可上溯至400年至700年。帕伦克的一些寺庙、雕塑和令人震惊的石雕，都是迄今为止人们见过的最精美的。通过这座被毁的城市，可以更好地了解玛雅建筑学。

在帕伦克城的发掘中，最引人注目的是1952年在碑铭庙的金字塔式台基下面发现的地下陵墓，为8世纪初著名的帕卡尔王的墓，是首次发现玛雅文明的金字塔式台庙，同时又是国王的陵墓，对深入研究玛雅文明具有重大意义。

经考证，陵墓修建于7世纪，入葬者为帕伦克最高统治者。从陵墓中获取的象形文字以及实物，首次证实了帕伦克当年是玛雅

王国的政治中心。

玛雅人实行世袭贵族制度，统治阶层过着豪华奢侈的生活，而贫苦阶层则耕种纺织供养贵族。为更好地保护玛雅文明遗址这一珍贵的人类文化遗产，现已将帕伦克古城及其周围地区辟为帕伦克国家公园，以便留给子孙后代。

土耳其以弗所

土耳其的以弗所被认为是一座伟大的室外博物馆，它是最著名的阿耳忒弥斯神庙，也是世界七大奇迹之一。公元前10世纪，以弗所由雅典--爱奥尼亚殖民者建立，是很多建筑纪念碑所在地。它们包括圣约翰大教堂、哈德良神庙、罗马塞尔苏斯图书馆和奥古斯都之门。甚至第一座信奉圣母玛利亚的教堂也在以弗所。

从罗马共和国开始，以弗所就是亚细亚省的省会，被誉为"亚洲第一个和最大的大都会"。它以阿耳忒弥斯神庙、图书馆

和戏院著称。

　　这个曾经著名的城市，今天一部分成了土耳其小镇，那里还坐落着圣约翰教堂，位于土耳其第三大城市伊兹密尔南边大约50千米的地方。这是一个大型的遗址至今只挖掘了一部分。已经挖掘出的那部分向我们展现了该城原来的繁华。戏院非常之大，是通向海港的海港街道的主要景观。

拓 展 阅 读

　　伊拉克尼姆罗德是一座亚述古城，公元前717年前的150多年间，它一直是亚述帝国的首都。这里的高大城墙和建筑物建在泥土筑建的平台上，亚述女王亚巴、巴尼图和亚塔利亚的王室陵墓是这里最吸引人的东西。

红玫瑰石头城

佩特拉古城的历史

佩特拉在约旦南部，距首都安曼271千米，坐落在胡尔山脚下，处于穆萨谷地之中。佩特拉是座历史古城遗址，在人们的心目中，它是带有神话色彩的名胜古迹。2000多年前，那巴特人曾在这一带栖息生活，并先后建都于此。由于这里是埃及、叙利亚等国之间的交通要道，很快便成为商贾云集，繁荣昌盛的商业都市。

那时的佩特拉曾以"中东商业中心"而著称。擅长经商业务的奈巴蒂人在前往埃及、叙利亚贩运商品时，都把佩特拉作为他们经商活动的中转站，从而促进了佩特拉的发展与繁荣。

居住在这里的那巴特人曾是沙漠的游牧民族，骁勇善战，最初是在商队必经之路上靠拦路抢劫为生；而后，改为保护过路商队，以收取一定的保护金为生。最后，许多那巴特人也加入商队，成了商人。

公元前1世纪，佩特拉王国的疆土扩大到了大马士革。106年，罗马帝国攻占了佩特拉，开始扩建城堡，使这里成为盛极一时的商队要道。随着红海海上贸易的发展，佩特拉逐步失去原有的重要地位。

在漫长的历史岁月中，佩特拉的土著居民在岩石中雕琢的众多建筑物，逐渐使其成为一座"石头城"，也成为人类文化宝库

中一颗闪闪发光的明珠。多少世纪以来，这颗明珠一直没有被人发现。

佩特拉古城的发现

那时候，约旦地区流传着一个带有神话色彩的民间故事，故事的大意是说：在约旦南部广袤的沙漠中有一条神秘的峡谷，这条峡谷既深又长，但不知在何方；一批神人在那里修建了许多雄伟的建筑物，并在里面藏了无数珍宝，谁能找到它，便可成为大富翁。人们一批又一批地前去探索，但都无功而返。

这个神话故事一代一代地流传下来，但始终没有人想到，这些建筑物就存在于穆萨山谷之中。

直至1812年，瑞士探险者约翰·伯克哈特游览佩特拉时，才第一次揭开这个神话故事的奥秘，闪烁着奇光异彩的"石头城"最终与世人见面。

佩特拉山谷的岩石呈朱红色或褐色，在朝阳或晚霞的映照下城

中的建筑会变成玫瑰色，所以佩特拉也被称作"红玫瑰古城"。

相传，这里是摩西"点石出水"的地方。当年，摩西率领以色列人走出埃及，流落荒野，正当饥渴困乏的时候，摩西得到上帝的帮助，他挥杖击石，激出泉水。据说，这股泉水至今仍流淌不息。

佩特拉古城建在海拔950米的山谷中。进入佩特拉古城，要通过15千米长的峡谷，峡谷最宽处不过7米，最窄处仅能通过一辆马车。两边的石壁高70米至100米，行人抬头仅能望到一线青天。走出峡谷，是宽广的谷地，豁然开朗。高大雄伟的殿堂排布在周围山崖的岩壁上，门檐相间，殿宇重叠，十分壮观。

佩特拉城的宫殿建筑

佩特拉城的建筑物全都是依傍山势雕琢而成的，这一奇景是大自然的"雕刻师"和能工巧匠共同创造的。峡谷出口不远便是一座依山凿出的巨大殿堂，高40米，宽30米，这就是卡兹尼石宫，又名"金库"。传说这里是历代佩特拉国王收藏财富的地

方，但也有传言说这里是国王陵墓的灵殿。

整个殿门分两层，下层是两根罗马式的石柱，高10余米，门檐和横梁都雕有精细的图案。殿门的上层雕出了3个石龛，龛中分别雕有天使、圣母和带有翅膀的战士石像。宫殿中有正殿和侧殿，石壁上还留有原始壁画。

城中有一座依山雕琢出的古罗马剧场。可容纳6000人，还保存了露天剧场，剧场看台呈扇形，有数十层石筑阶梯，每10层阶梯中间筑有一个通道，整个剧场沿山而上。舞台上还残存有4根巨大的石柱。

城中一座拜占庭风格的建筑，名叫"本特宫"。传说当年城市缺水，国王下令，如果有人能引水入城，就将公主许配给他为妻。一位建筑师开山修渠，将水引进城里。国王履行诺言，将女儿下嫁给他，并赐此宫给他们居住，所以本特宫又叫"女儿宫"。

在古城南面的牛山腰，有一座欧翁石宫。这座石宫的建筑顺序是先削平半山腰，再开凿石窟，最后才修建宫殿。几百平方米的大厅殿居然没有一根柱子，真是巧夺天工。欧翁石宫的两侧是石窟群，向东西延伸。石窟内有住宅、寺院、浴室和墓窟。

在一片人造的高地上有两座方尖碑，高地被猜想成用于举行祭祀仪式的地方。高祭台上是放祭品的地方，供奉着那巴特人的两个神：杜莎里斯和阿尔乌扎。这里的祭台有排水道，可能是用来排放人血的。有迹象表明，那巴特人曾用人来进行祭祀。

佩特拉城的石墓

佩特拉的那巴特人传统上将他们死去的亲人葬于环绕城市的

砂石峭壁之中，这里有着成千上万的坟墓。它们当中有些是简陋的石墓，有些则十分奢华。因为这里岩石很软，所以很容易雕琢。

佩特拉的王陵并没有具体的名字，而是靠传统来决定，他们并不仅仅是为了纪念那个被埋葬的死者。在修建皇陵的过程中，那巴特人利用祖传石工技巧模仿、加强和改造了如亚历山大之类的大都市中最新颖、最雄伟的建筑构思。

他们先将合适的崖面平整好，然后在立面上从上至下进行开凿。石墓后的房间比较小，有的只有一间外室，里面偶有刻出的石凳。佩特拉王陵外立面虽然没有人去维护，又经历了许多个世纪以来地震、侵蚀和偶尔溜进来的盗墓贼的侵扰，但是它几乎完好无损。

外墙上精美的石刻可能是当地石匠的杰作。在一处那巴特人的陵墓——玛丹沙里，其上所刻的文字告诉人们，当年的石匠一般工

117

作25年。像采石这样的粗活可能是由奴隶来做。当年这些墓被涂抹了用石灰石与沙制成的石膏，然后又被涂上鲜艳华丽的颜色。

如今风沙剥去了石膏，裸露的岩石在阳光的照射下色彩变幻无穷，使陵墓充满生机，这是当年的建筑者没有料到的。在佩特拉最后修建的大坟墓中，有一座是为罗马总督所建，称作"乌恩墓"，但是在446年这座坟墓被改成了一座教堂。

随着沙漠中的香料商路被慢慢荒废，取而代之的是红海的海上路线，沙漠中的城市生活随之土崩瓦解。最后，坟墓变得衰败不堪，雕像也剥落脱皮，曾经安葬过达官贵人的石室渐渐沦落为牧羊人遮风挡雨的场所。

佩特拉城的生活

后来的考古学家发掘了3个大市场，研究由那巴特人发展起来的蓄水设施。该设施包括一个岩石中开凿出来的大蓄水池和一条

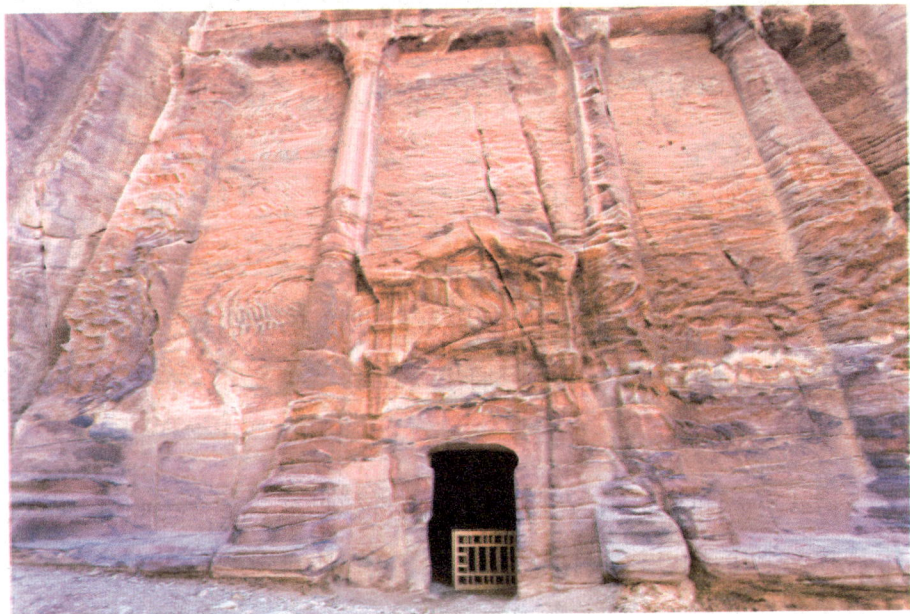

水渠；水池用来收集泉水和雨水，并通过水渠把水送给城中心的
一个较小的水池。那巴特人还从喷泉处直接安装了许多陶管，把
水引向城市各地。

现代考古学家还在遗址上发掘山那巴特人的陶器制品，表明
当时佩特拉不仅商贸发达，而且手工艺制作也达到了很高的水
平。他们的陶器细薄精致，装饰着树枝树叶之类的自然图案。

1990年，一位考古学家在佩特拉发掘出了始于6世纪拜占庭风
格的教堂的部分墙壁和整个地板。地板由两块大的镶嵌图案装饰而
成，图案中描绘了长颈鹿和大象之类的动物、四季的象征，以及渔
夫、吹笛者和赶骆驼的人，如今这些图案已经得到清理和修复。

佩特拉真正用途是什么

佩特拉方圆几十千米内，四周的山壁雕琢有许多的建筑物。
有的壮观，有的精美，有的简陋，有的还不及摆放小神像的方形

小室大，几乎仅能算洞穴。一般认为它们是神殿、庙宇和祭坛。但有人却对此提出疑问：如果是这样，为什么房间里却没有任何的祭祀标记？

有人据此进一步提出，佩特拉不能称为一座城市，它更像一座纪念碑似的公墓或者说寺庙。甚至有人认为它是"亡灵之城"。然而，假如它果真是纳巴特人的墓地，为什么从未发现过有关丧葬的物品，如石棺、尸骨？

古城被遗弃之谜

考古学家推断，在全盛时期，佩特拉城居民多达30000人，城市规模远比早期欧洲人估计的大得多。但佩特拉为什么被遗弃一直是人们百思不得其解的问题。就算它一度失去了刘商道的控制权，但仍然可以保持原状，那为什么它非但不如此反而迅速衰亡了呢？

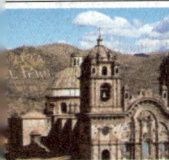

　　1991年，有些科学家们发现，早期的纳巴特人时代，佩特拉四周的山地曾经密林茂盛。然而到了罗马时代，人们为了建房和获取燃料砍伐了大量的木材，致使森林匮乏。至900年，环境进一步恶化，过分地放牧羊群又使灌木林和草地也消失了，这一地区渐渐沦为沙漠。也就是说，环境恶化是导致佩特拉衰亡的因素之一。

　　也有人认为，导致佩特拉城衰亡的可能是天灾。363年，一场地震重击了佩特拉城，震后，许多建筑沦为废墟。551年，佩特拉城再次遇到强烈地震。连续的地震使它损失惨重，因此走向衰落。

拓 展 阅 读

　　1998年5月，在澳大利亚新南威尔士州的芒古湖威兰卓湖附近发掘出26000年前的135件人类骨骼、壁炉等史前古器物。在芒古3号坑出土了一具完整的3万年前的男子骨架化石，是按照葬礼仪式埋葬的。

消失的埃勃拉古城

神秘的埃勃拉

在亚洲西部的叙利亚北部城市阿勒颇与哈马之间，横着一望无际的大沙漠。沙漠区冬季雨量稀少，夏季酷暑难熬，据说盛夏午时地表沙土的高温能够烤熟鸡蛋和面饼。酷热的气候使得地表水的蒸发特别强烈，造成这里异常的干旱。令考古学家们迷惑不解的是，就是在这样一个气候干旱、鸟兽难栖、人迹罕至的沙漠

地带，古代叙利亚人竟然建立过繁荣富强的国家，创造出了堪称世界奇迹之一的光辉灿烂的文化。有人把它喻为"古代世界第八奇迹"；有人甚至认为与"古代世界七大奇迹"相比，埃勃拉古国之神奇还要胜出一筹。

沙漠古国的发掘

1862年，法国考古学家梅·戴沃盖为了探寻古文明，率先来到了这里进行考察。他发现了一座巨塔和一些古建筑物遗迹。这些建筑物特点鲜明，墙壁较宽，殿堂较大，柱子较高。但由于各种原因，发掘工作被迫中止。此后近百年间，这里便不再有人踏足。1955年，一个居住在附近的农民偶然在沙漠里发现了一个石狮子和一个圣盆。石狮子是用灰色玄武岩雕刻成的，圣盆四周刻着行军的武士和举行宴会的情景。遗憾的是这一发现在当时并未

123

得到人们的重视。

1962年，意大利考古学家保罗·马蒂尔博士率领罗马大学考古队来到叙利亚，他们发掘的目的地定于沙漠中的特尔·马尔狄赫荒丘，这里正是石狮子和圣盆的发现地。

1968年，人们终于发掘出一具由玄武石雕刻而成的无头男人像。据考证，这尊石像的制作年代是公元前2000年。这位石雕男子穿着考究，举止高雅。在他的袍子上人们发现了26段楔形文字铭文，其中写道"因为埃勃拉之王和伊斯塔女神的缘故，将水槽献给大神庙。"

后来，考古队发现了雄伟壮丽的特尔·马尔狄赫陵墓，接着又发掘出了整个埃勃拉古城遗址。遗址总面积约56万平方米，它的平面大致呈菱形，最宽处约1000米，4个门。城址中央的卫城

近似圆形，直径约170米。

1973年，考古学家在卫城中发现了公元前3000年的王宫遗址。王宫里宫殿极多，排列整齐有序，结构复杂。这些建筑整体布局和谐，排列技巧精湛，堪称西亚建筑艺术中的精品。

1974年，马蒂尔博士在王宫的一间小房子里发现了42通碑。这些碑上都刻有楔形文字，有些文字无法辨认，有些是苏美尔语。通过碑内容确定，这里就是消亡已久的埃勃拉古王国首都埃勃拉城。

1975年9月30日，考古队在卫城共发现了30000多块泥版文书。先是在一个房间里发现了15000块，接着又在另外两间房里发现了16000块。这里简直就是一座藏书丰富的古老图书馆！多的令人难以想象的泥版文书。埋藏在地下几千年的埃勃拉古国遗址的发现震惊了全世界。

尽管还有相当数量的"埃勃拉文书"尚未破译，但是根据已经解读的大量文书记载，学者们已初步勾勒出这个神秘国度的概况。

埃勃拉王国为什么会突然消失

大致说来，埃勃拉古国是一个高度发展的奴隶制国家。公元前3000年，是埃勃拉古国的奴隶制初期，那时，国家的统治者是通过选举产生的，国王7年一选，允许连任。后来，国家开始实行世袭制。国王作为专制君主，拥有无上的权力。

埃勃拉古国的农业相当发达，主要农作物是大麦和小麦。当时，埃勃拉城附近是一片平原，水源丰富。畜牧业也有一定的规模。手工业和商业也非常发达，在泥版文书中提到的技术工人有陶工、雕刻工、金属工、面包师、木匠、纺织工、制香料者、磨坊工等。

后来，埃勃拉王国又先后受到阿摩利人、赫梯人的侵略和掠

夺。屡经浩劫的埃勃拉自此日渐衰落。后来，埃勃拉居民突然之
间全部"蒸发"，埃勃拉王国也在历史上销声匿迹了。

拓 展 阅 读

　　1998年5月，在澳大利亚新南威尔士州的芒
古湖威兰卓湖附近发掘出26000年前的135件人
类骨骼、壁炉等史前古器物。在芒古3号坑出土
了一具完整的3万年前的男子骨架化石，是按照
葬礼仪式埋葬的。

非洲古城之谜

非洲的一大谜城

在人类的文明史中，有许多令人难以解释的现象。特别是在古代建筑方面，人们所发现的古代建筑的旧址竟是那么的雄伟壮丽，这与当时落后的生产力极不协调。人们很难猜透当时的人靠什么建造出这一切。非洲就有这样的两座古城。

据史料记载，11世纪，非洲西部和南部分别建有两座古城

　　"廷巴科"和"森巴维"，都是非常雄伟壮观，根据当时的建筑水平来推测，当时的人们是不可能有这么高的文化智慧建起这样的城堡。

　　传说中的廷巴科城在非洲西部撒哈拉沙漠的西南端，在那里美女如云，宫殿金碧辉煌，到处都是奇珍异宝。自古美好的传说和巨大的财富都具有极大的吸引力，它像磁石一样吸引众多的盗宝者和探险家。

　　19世纪，法国巴黎地理协会拿出10000法郎作为奖金，鼓励人们前往廷巴科，去寻找神秘的古城。两名英国人历尽千辛万苦终于到达了古城，可是展现在他们眼前的不是财宝，而是一些残垣断壁，这一切似乎在向人们展示着它当年的风采。

　　后来，法国人占领了廷巴科城，他们对该城进行了研究后确认，这座城始建于11世纪，是由一名叫"廷巴科"的女人建筑

131

的。至于这个叫廷巴科的女人是怎样的一个人，她是怎样建成这样一座不被当地人认可的城堡的一直是一个谜。

非洲的另一大谜城

非洲的另一大谜城是森巴维，其坐落在赤道以南的南罗得西亚国的南边，它具有上千年的历史，是一座拥有宏伟建筑和庙宇

的坚固城堡。森巴维城中最大的一个建筑是长达116米，地基深达5米，墙头宽3米的庙宇。

城堡中的其他建筑也同样宽厚坚实。在这荒无人烟的非洲南部，是什么人能够建起这样一座宏伟巨大的古城？这一现象引来无数的史学家和考古学家。这些科学家们都努力工作，力求能找

到揭开谜底的钥匙。

古城留下的谜团

科学家们首先对建筑物的年代进行了检测，结论是该城建于1100年左右。通过对一块出土的木头进行考证，确认这是900年前的物品。

通过对挖掘出的装在两个陶瓮中的男女尸骨的鉴定，确认男性身高约1.8米，骨骼不像当地黑人，而是类似南欧人。根据这两具尸骨埋葬的情况推断，他们生前就是这里的居民，就住在这里。由此看出，这座古城就是这些外来民族所建，居住了大约300多年，直至15世纪中叶被当地的土著人消灭或者赶走，使这段文明留在荒野中。

根据考古学家的考证，11世纪，居住在那里的居民仍过着原始的穴居生活，他们甚至没有城堡的概念，更不可能掌握建设城堡的技术。那么这两座古城是否真的存在？如果存在，又是什么

人，在什么时间，为什么要建造这两座古城？又是什么原因使这里毁灭？这些问题的答案还有待发掘。

拓 展 阅 读

1998年5月，在澳大利亚新南威尔士州的芒古湖威兰卓湖附近发掘出26000年前的135件人类骨骼、壁炉等史前古器物。在芒古3号坑出土了一具完整的3万年前的男子骨架化石，是按照葬礼仪式埋葬的。

淹没在海底的法老城

传说中的法老城

在古埃及众多扑朔迷离的奥秘中，有一个谜多年来一直吸引着考古学家和寻宝者，那就是失落的法老城。从远古时代，在古希腊寓言、神话和史诗中就曾先后多次说道，地中海边曾经有过一个极其强盛、繁华和文明的城市——埃及的法老城。

按照古希腊史诗中的描述，法老城高度发达的文明将同时代世界其他地方的文明远远地抛在后面，其城市现代化的程度甚至

可以达到20世纪城市建设的水平。最有意思的是，从来没有人提过这个城市群何时兴起，居住在这里的人们来自何方，他们为什么突然拥有了高度发达的文明。

在希腊"历史之父"希罗多德所著的《历史》一书里，详细地描述了访问古埃及法老城时的见闻，如港口伊拉克利翁和城中极为壮观的"大力神"庙宇殿堂。

古希腊地理学家们更进一步描述了法老城的城市建筑和城市居民们富庶的生活方式，他们尤其推崇法老城中的伊拉克利翁。按史诗中的描述，伊拉克利翁是当时地中海最繁华的港口城市，而法老城则是世界上许多宗教的朝圣之地。

那里的人们崇拜天上的星星，常常自称祖先来自"神秘的天上"，他们的祖先甚至还给他们留下了神秘的"文明"，使他们过着非常文明、富足和安逸的生活。

137

希腊的先哲们还讲到，法老城的女性更是那个城市的骄傲，她们优雅而高贵，貌美如天仙，个个光彩照人。到了夜晚华灯初上，街道上车水马龙，许多女人喜欢穿简洁典雅的长袍和紧身胸衣，脖子和手腕上戴着用珠宝和钻石点缀的黄金首饰，手上戴着丝网手套在大剧院里看演出。

发现失踪的法老城

为了找回这个失落的法老城城市群，世界考古学家们耗去了数代人的心血。

2000年6月3日，这个考古队在亚历山大港发现失踪了2500年的埃及法老城。他们宣称，在亚历山大湾马本路克要塞附近的一座城堡下，发现了破碎的法罗斯灯塔的残留物之后，就开始采用全球定位系统三角测量技术，进行水下全方位测量。

凭借高科技的核磁共振成像设备、声呐物探技术等，他们不

仅在岸上绘制出了法老城的地形图，还在能见度极低的水下，认读了法老城那些巨大的石碑上的象形文字。

当身着潜水服的考古学家潜入海底时，被眼前的景象惊呆了：保持得完完整整的房子，富丽堂皇的庙宇、宫殿，先进的港口设施和描述当年市民生活的巨型雕像，就像一座被时间骤然凝固的城市。巨型雕像展示当年法老城的居民过着极尽奢华的生活。

专家们在海底发现了2000尊具古代雕像和石材，其中有托勒密王朝二世时期制作的狮身人面像的头部，重达5吨。他们还发现了狮身人面像的底座。底座长3.5米，其侧面刻有托勒密王朝二世的称号。同样的称号在狮身人面像的胸部也有发现。据报道，这次在海底发现的狮身人面像共有12尊之多。

众说法老城的建造者

考古学家们关心的是法老城的建造者和它的建造年代，寻宝者们关心的则是它的宝藏及其价值，而两者又有着密切的关系。法老城应该是谁造的呢？目前有几种不同的说法。

有人认为，水下发现的众多石像都刻有托勒密二世

139

的称号，因此这座城市应是托勒密二世建造的，建造的时间应在公元前3世纪初。

　　有人根据伊西斯女神像的发现，认为是埃及女王克娄巴特拉所造，如果是这样，建造时间应是公元前30年之前不久。大多数考古学家根据目前打捞出的文物判断，法老城大约修建于公元前7世纪至公元前6世纪。

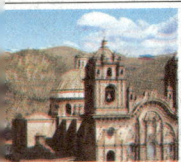

还有一些人认为，从某些水下巨石上雕刻的塞提一世雕像及其称号来看，法老城的建造应在塞提一世在位时或更早的时代，即公元前15世纪至公元前14世纪。如果它建造于托勒密二世或克娄巴特拉的时代，那应是希腊文化影响下的产物。如果建于公元前7世纪至公元前6世纪，就应是法老时代末代的遗宝。如果它真的建于塞提一世或更早的时代，那就是无价之宝了。

法老城的消失之谜

还有，法老城究竟是怎样消失的？很多研究者认为，它似乎是毁于一场突发的大规模灾难。仔细观察海底的这座城市，人们发现一个奇异的现象，即所有靠城边的房子和墙都倒向同一方向。为什么会出现这样的绝对一致呢？

根据推测和判断，伊拉克利翁和法老城的其他城市最有可能是毁于大地震，因为从海底保存完好的建筑残骸来看，多数的房子和墙倒向一个方向。大地震发生后，法老城迅速沉入海底，这也是为什么考古学家今天在距离陆地4海里外的阿布吉尔湾20米至30米深的海水底下发现法老城的根本原因。

考古学家推测说，这次超大规模的地震应该发生在7世纪或者8世纪，因为潜水员在法老城里发现的银币或者珠宝都是拜占庭时

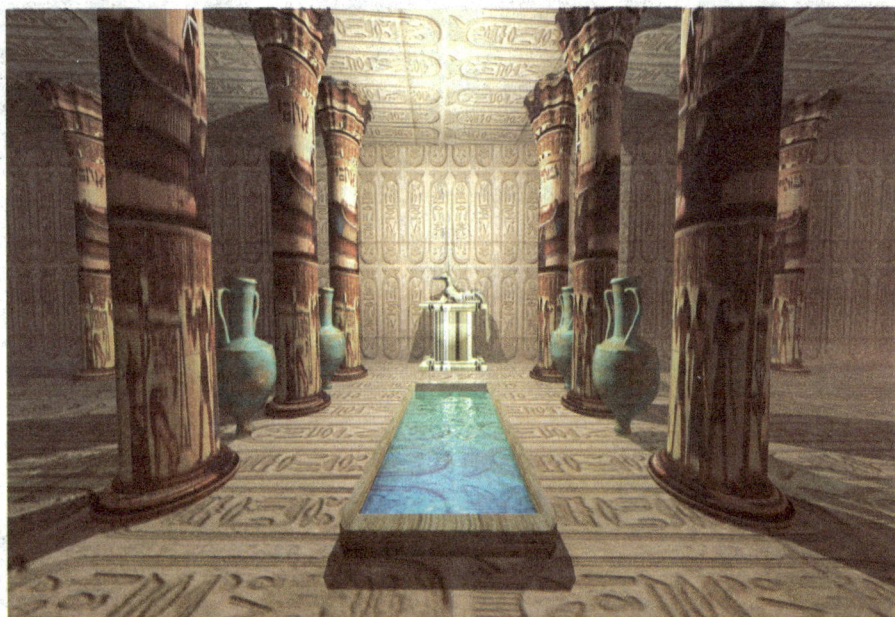

代的，没有比这更晚的了。更重要的是，法老城城址确实是一个
极容易发生地震的地区，历史记载，整个地中海地区就数这一带
地震最多最为频繁。

据此，考古学家们设想了法老城遭天劫那天的情景：2500年
前的某一天，地中海震撼了，一阵惊天动地的震颤将法老城活生
生地撕裂了，一条深不可测的深渊出现在法老城城市群中心地
带，过惯了安逸舒适生活的法老城的公民们终于感到害怕了。

然而，就在他们目瞪口呆的时候，那道裂缝里突然喷出数十
米高的海水，转眼之间就将街道、房屋和人们吞没了，海水越涌
越多，土地越来越往下沉。没多久，盛极一时的法老城化为一片
汪洋，数不清的生命葬身于茫茫的大海中，几乎没有人逃脱这场
灾难，也许正应了古罗马哲学家的说法"遭报应"了。

不过，也有考古学家反对这种说法，特别是他们看到了城市

143

的遗骸后，认为这座城市群是在极短的时间内突然沉入大海的，而法老城的居民们却都在灾难发生前有秩序地撤走或者消失了，然而，这些法老城的居民都到哪里去了呢？为什么没有给他们的子孙后代留一点交代？这些问题至今还没有得到确切的答案。

　　从那以后，这个城市群就在30多米深的海洋里沉睡了2500多年，直至现在被重新发现为止。对于这座海底城市群的未来，埃及考古部门的态度非常明确——绝大多数的文物及城市建筑就保留在海底里，只将少数的文物打捞起来后送到博物馆展出。

拓展阅读

　　1998年5月，在澳大利亚新南威尔士州的芒古湖威兰卓湖附近发掘出26000年前的135件人类骨骼、壁炉等史前古器物。在芒古3号坑出土了一具完整的3万年前的男子骨架化石，是按照葬礼仪式埋葬的。

巴比伦的"空中花园"

巴比伦的历史演变

世界四大文明古国之————巴比伦，位于伊拉克首都巴格达东南88千米处，幼发拉底河下游右岸。巴比伦古城约建于公元前1800年至公元前600年左右，是古巴比伦文化的结晶和象征。古巴比伦王国的领域主要在伊拉克境内。

古巴比伦和新巴比伦两个强盛王国先后在此建都，亚历山大

大帝也曾一度在此定都。此地成为当时两河流域的政治、经济和文化中心，也是世界上最大的城市之一。

巴比伦原是一个小村，经过几个世纪的演变，日益繁荣兴旺。从亚历山大进入巴比伦到塞琉西王朝时期，巴比伦开始沙漠化，城市居民也逐渐离去。再后来，滚滚黄沙完全掩埋了昔日辉煌无比的巴比伦城。直至20世纪初这颗被掩埋了将近2600年的两河明珠才被考古学家发掘出来重见天日。

古巴比伦的华丽建筑

位于城中的国王宫殿极为华丽。著名的南宫包括5所豪华的庭院和用彩绘装饰起来的金殿，其规模之宏大实属惊人。巴比伦的城墙高大厚实，墙为三重，外墙周长16000米，中内墙8000米，墙下有深壕围护，在墙外之东，筑有一道防护土墙，由此形成三重墙垣。

巴比伦的街道均用砖铺设，主要大街仪仗大道北通什特门，南连塔庙。街北是主宫，街东有宁马克神庙，街西为南宫。在南宫东北角的幼发拉底河上架有石墩桥梁。离城不远处有一座拔地而起的金字塔。塔顶有一座用釉砖建的神庙。

巴比伦城还有一处重要古迹——巴比伦之狮。由于天长日久，日晒雨淋，狮身的后腰已有裂缝，狮嘴也断落了。狮身上有放置鞍子的凹痕，传说是阿什塔尔神站立之位。在漫长的历史岁月中，巴比伦城饱经沧桑，但许多珍贵的文物还是幸运地被保存下来了。

古巴比伦的三重城墙

巴比伦城修筑得如同堡垒一般，有内外两道城墙。它又由外、中、内3道围墙组成；外墙用砖砌成，厚约3米；中墙和内墙各厚约7米，可以容一辆4匹马拉的战车转身。城墙端面建有各秆

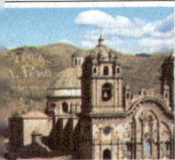

塔楼和较小的战垛和箭孔。内城墙由内外两道砖砌的城墙构成。

城墙顶上那条足以让一辆驷马战车自由转向的宽道对于危险逼近时迅速调动兵力至关重要。整个城墙实际上由一条焙砖外墙和一条带碎石填充物的土砖内墙组成。内墙可能高于外墙，这样入侵者得攻克两道关卡才能进入。

城内巴比伦老城区周围的城墙，也采用了类似的安排。老城区呈长方形，城墙长达84米。希罗多德认为，它几个和外墙一样坚固。通过老城区城墙的主要入口是伊什特大门，可能超过25米高，还有15米深的地基，以及用于缓解下沉问题的内部接合点。

门的两侧墙上，饰有巨大的神牛雕像和神龙雕像。门楼和街道两旁的墙的地面部分和地下部分，都采用了模砖装饰，描绘了更多的牛和龙的图案。地面部分的模砖，还釉上了亮蓝色和其他颜色。

虽然整个巴比伦城固若金汤，但是它还是没能挡住波斯人和希腊人入侵的铁骑。对城墙最大的威胁，恰恰就是幼发拉底河本身。巴比伦曾有一个湖泊或沼泽上游用于防洪，沿着河岸建有附墙，门闸控制着护城河和城内水道的进水口。

公元前539年，波斯王利用河水的涨落等到河水平面降到可以渡过的时候，他的军队冲过河床攻入巴比伦，出其不意地攻克了这座城市，巴比伦帝国终于灭亡。

高耸入云的通天塔

巴比伦城里最早的通天塔，在公元前689年亚述国王赫那里布攻占巴比伦时就被破坏了。新巴比伦王国建立后，尼布甲尼撒二世下令重建通天塔，他命令全国不分民族，不分地区都要派人来参加修塔。

通天塔用从黎巴嫩运来的雪松木作为建筑材料，用鎏金装饰塔顶神庙，据说建筑这项浩大的工程用砖就达5800万块，从中不难想象通天塔的雄伟壮丽。通天塔建在一块洼地上，共有7层，塔基的长度和宽度与塔高相近，各为91米左右。阶梯环塔而上直至塔顶神庙。

在高耸入云的塔顶上，还建有供奉马尔都克神的神殿，塔的上周是仓库和祭司们的住房。通天塔是祭祀神灵的场所，修建塔的目的主要是连通神人，通过各种祭拜活动来获得神灵的护佑。公元前 539年，波斯王攻下巴比伦，他被通天塔的雄伟折服，一反征服者的破坏习惯，保留下了这座塔。

巴比伦空中花园之谜

巴比伦空中花园，也称"悬苑"，是古代世界七大奇迹之一。它位于古巴比伦城，是尼布甲尼撒二世在位时建造的花。尼布甲尼撒二世在位时期是新巴比伦王国鼎盛时期，以宏伟的城市和宫殿建筑而驰名。

相传，空中花园是尼布甲尼撒二世为取悦他的妃子修建的。妃子是米提王齐亚库萨雷的女儿，名叫阿米蒂斯。

151

她来自山区，适应不了气候炎热，缺树少花的巴比伦生活环境，因此经常怀念绿水青山的家乡。国王为了给她消愁解闷，便模仿她的故乡风光和当时盛行的宗教建筑大神坛建造起了这座别具风格的花园建筑。

有记载说，尼布甲尼撒国王在15天内就修建起了一座新宫殿，宫殿内有石头喷泉和梯形高地，树木种在高地上，就形成了所谓的空中花园。后来一些希腊文献中更加详细地记述了空中花园：花园面积是120千方米，25米高，也就是城墙的高度。

花园里建有一层一层的台阶，每层台阶就成了一个个小花

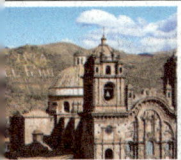

园。花园与花园之间还建有可以纳凉的小屋。花园的底部由许多
道高墙组成，每道高墙大约有7米宽，墙与墙之间相距3米。

高墙上面架有石板横梁。花园用的泥土置于顶部铅包外套之
中，石柱支撑着由椰枣树干制成的木梁，这些木梁非但没有腐
烂，反而为上面花园里生长的树根提供了养分。整个花园用巧夺
天工的喷泉和水渠网来灌溉。

由于不少描写自相矛盾，许多人怀疑花园是否真的存在。几
千年来，由于人们为了重新利用宫中上等的好砖，所以把巴比伦
宫殿的高墙挖得不成样子。早期的探险家们在高处的夏宫里寻找

花园。

夏宫大约180千方米，内有几眼精致的水井，但没有足够的空间修建台阶和种树。一位考古学家认为花园仅于南宫砖砌的拱顶上，而且还在这儿发现了水井。但拱顶实际上可能是国王大臣们办公的地方，也可能是牢房。

然而，任何见过宫殿平面图的人都会发现：幼发拉底河在南宫和北宫的北面和西面流过，河与宫殿之间有着密集的建筑。这些密集建筑中的任何一座的上面都可能是阶梯形花园的所在地，也许其中一处真的就是空中花园的遗址。

最引人注目的是西边那块地方。它长190米，宽80米，外墙有0.2米厚，用涂了沥青的砖头砌成。它的北头建有房间，南头则有一块空地。而在空地的一角似有某种类似阶梯的东西。在这特殊

的建筑上，很有可能建有一个方形的花园。同时，它的上面还建有纳凉的房子和人造的梯形小山。但是它究竟是不是传说中的空中花园，至今还没有定论。

拓 展 阅 读

1998年5月，在澳大利亚新南威尔士州的芒古湖威兰卓湖附近发掘出26000年前的135件人类骨骼、壁炉等史前古器物。在芒古3号坑出土了一具完整的3万年前的男子骨架化石，是按照葬礼仪式埋葬的。

图书在版编目（CIP）数据

古堡千年绝秘 / 赵喜臣编著. -- 长春 ：吉林
出版集团股份有限公司, 2013.10
（图解世界地理 / 刘厚凤主编. 第2辑）
ISBN 978-7-5534-3282-3

Ⅰ. ①古… Ⅱ. ①赵… Ⅲ. ①城堡－世界－青年读物
②城堡－世界－少年读物 Ⅳ. ①K916-49

中国版本图书馆CIP数据核字(2013)第226574号

古堡千年绝秘

赵喜臣 编著

出 版 人	齐　郁
责任编辑	朱万军
封面设计	大华文苑（北京）图书有限公司
版式设计	大华文苑（北京）图书有限公司
法律顾问	刘　畅
出　　版	吉林出版集团股份有限公司
发　　行	吉林出版集团青少年书刊发行有限公司
地　　址	长春市福祉大路5788号
邮政编码	130118
电　　话	0431-81629800
传　　真	0431-81629812
印　　刷	三河市嵩川印刷有限公司
版　　次	2013年10月第1版
印　　次	2020年5月第3次印刷
字　　数	118千字
开　　本	710mm×1000mm　1/16
印　　张	10
书　　号	ISBN 978-7-5534-3282-3
定　　价	36.00元

版权所有　翻印必究